CW01025165

Дэвид К. Харт

О русском ударении – просто

2-е издание

Санкт-Петербург
«Златоуст»

2013

David K. Hart

A Simplified Approach to Learning Russian Stress

2nd Edition

St. Petersburg
Zlatoust

2013

УДК 811.161.1

Харт, Д. К.
О русском ударении – просто. – 2-е изд. – С.-Петербург : Златоуст, 2013. – 72 с.

Hart, D. K.
A Simplified Approach to Learning Russian Stress. – 2nd ed. – St. Petersburg : Zlatoust, 2013. – 72 p.

Главный редактор: к.ф.н. *А. В. Голубева*
Редактор: *О. С. Копполь*
Корректоры: *О. С. Копполь, И. В. Евстратова*
Оригинал-макет: *В. В. Листова*
Обложка: *В. В. Листова*

Рецензент: д-р филол. наук, профессор А. Д. Кривоносов (СПб ГУЭиФ)

Учебное пособие предназначено для изучающих русский язык и владеющих им на уровне В1 и выше. В пособии представлен простой и удобный способ изучения и практического освоения акцентного разнообразия в русском языке. Принципы постановки ударений изложены в виде набора правил. В практической части даны задания для самостоятельной работы. К пособию прилагается CD с записями заданий.

Given the seemingly bewildering variety of stress possibilities in Russian, a simple approach to understanding Russian stress has long been a goal of Russian pedagogy. This booklet presents a simple and straightforward way to understanding the Russian stress system. It shows that the location of stress in most Russian words can be determined by means of one simple rule.

© Харт Д. К. (текст), 2011
© ЗАО «Златоуст» (редакционно-издательское оформление, издание, лицензионные права), 2011

ISBN 978-5-86547-578-1

Подготовка оригинал-макета: издательство «Златоуст».
Подписано в печать 14.04.2011. Формат 70х100/16. Печ. л. 4,5. Печать офсетная.
Тираж 500 экз. Заказ № 1283.
Код продукции ОК 005-93-953005.

Лицензия на издательскую деятельность ЛР № 062426 от 23 апреля 1998 г.
Санитарно-эпидемиологическое заключение на продукцию издательства Государственной СЭС РФ № 78.01.07.953.П.011312.06.10 от 30.06.2010 г.

Издательство «Златоуст»: 197101, Санкт-Петербург, Каменноостровский пр., д. 24, оф. 24.
Тел.: (+7-812) 703-11-78; факс: (+7-812) 703-11-79; e-mail: sales@zlat.spb.ru;
http://www.zlat.spb.ru

Отпечатано в типографии ООО «Береста».
196084, С.-Петербург, ул. К. Томчака, 28. Тел.: (+7-812) 388-90-00.

Contents

Introduction **7**

Chapter 1 **8**

1.1. What is Stress? 8
1.2. Stress in Dictionaries 9
1.3. Two Stress Spelling Rules 12
1.4. Three Stress Patterns 15

Chapter 2 **17**

2.1. Default Stress 17
2.2. Native Russian Words 17
2.3. Borrowed Words 21
2.4. Root Stress 24
2.5. Constancy of Stress 26
2.6. Default Stress in Suffixed Nouns 30
2.7. Default Stress in Adjectives 33
2.8. Default Stress in Verbs 36
2.9. Default Stress in Participles 41

Chapter 3 **46**

3.1. Exceptions: End Stress and Shifting Stress 46
3.2. End Stress 46
3.3. End Stress in Verbs 53
3.4. Shifting Stress in Nouns 55
3.5. Shifting Stress in the Past Tense, PPP, and Short Form Adjectives 59
3.6. Shifting Stress in the Present Tense 64

Appendices **68**

Preface

Given the seemingly bewildering variety of stress possibilities in Russian, a simple approach to understanding Russian stress has long been a goal of Russian pedagogy. This handbook presents a simple and straightforward way to understanding the Russian stress system. It shows that the location of stress in most Russian words can be determined by means of one simple rule.

This book has been written with the intermediate learner of Russian in mind. It assumes an understanding of the basics of Russian grammar and a desire by the reader to both learn how the system of Russian stress works and to practice these principles in their own speech.

I owe a particular debt of gratitude to my colleagues, Professors Michael Kelly Grant Lundberg, and Raisa Solovieva for critically reading earlier versions of this work and providing substantive suggestions for improvement. Much of the form of the present work is due to their detailed comments. I also want to thank my wife, LaRayne, for her precise editing of this work. Any remaining deficiencies in content or presentation are my own. Finally, I would like to thank my colleagues in the field whose interest in Russian stress, as expressed only partially in the bibliography at the end of this work, has provided a continual spark to my own investigations into Russian stress.

Introduction

One of the most interesting aspects of Russian is its stress system. Seemingly complex, it is for the most part fairly straightforward. Nearly all words fall into one of three stress categories. Once it can be determined which category a word belongs to, the determination of stress is fairly simple. The goal of this handbook is to explain the Russian system of stressing words and to present exercises which will help the reader master the stress of high frequency words and confidently predict the stress of new words. These skills are particularly useful in reading Russian for purposes of vocabulary development and language maintenance.

Compared to other European languages, such as French with regular final stress, or German with regular initial stress, Russian appears to present a plethora of bewildering stress possibilities. There are, however, a number of regularities that students learning Russian can look to in predicting where the stress falls on any given word. This guide covers the stress regularities of nouns, verbs, and adjectives. Other parts of speech, such as verbal adverbs, follow the system outlined for verbs. We do not try to account for the stress of every Russian word or to explain every exception. While the generalizations presented do account for most stresses, the reader will certainly be able to think of, or will soon come across, exceptions to the generalizations given. The idea is to know what is regular so that when irregularities are encountered they stand out against the backdrop of what is normal. Irregularities can then be easily identified and remembered. For example, if one knows that stress usually precedes the suffix **-ство** (*де́тство*, *госуда́рство*, *бога́тство* and more than a thousand others), then the stress of words such as *большинство́* should really stand out and therefore be more easily learned and remembered.

This handbook is intended for third- and fourth-year students of Russian. Since a basic understanding of Russian is assumed, words are not glossed. However, nearly all examples come from the list of 3,500 most commonly used words in Russian found V.V. Morkovkin's *Lexical Minimums of Contemporary Russian*. Exercises may contain words not on this list.

Chapter 1 discusses what stress is and explains how dictionaries express stress in various forms of words. It also reviews two spelling rules that play a role in predicting stress and the three main stress categories in Russian. Chapter 2 introduces default stress, which covers about 85% of all Russian words. Chapter 3 discusses the main deviations from default stress. Each chapter includes a series of exercises intended to help you master the stress of high frequency words. Since stress is essentially a spoken and auditory phenomenon, all exercises are oral. The CD, which accompanies this text, serves as a key to most exercises and is intended to help the learner become accustomed to the pronunciation of stressed and unstressed syllables and the rhythm of Russian speech. The symbol 🎧 next to an exercise indicates the answer to this exercise can be found on the CD.

Chapter 1

1.1. What is Stress?

In Russian, nearly every word is stressed. Only vowels can be stressed. Vowels, such as **а**, **я**, **о**, **ё**, etc., are sounds that can be made longer or shorter. A stressed vowel is usually pronounced more clearly and is usually pronounced longer and sometimes slightly louder than its unstressed counterpart. Compare, for example, the waveforms of the following words: *кот*, *кота́*.

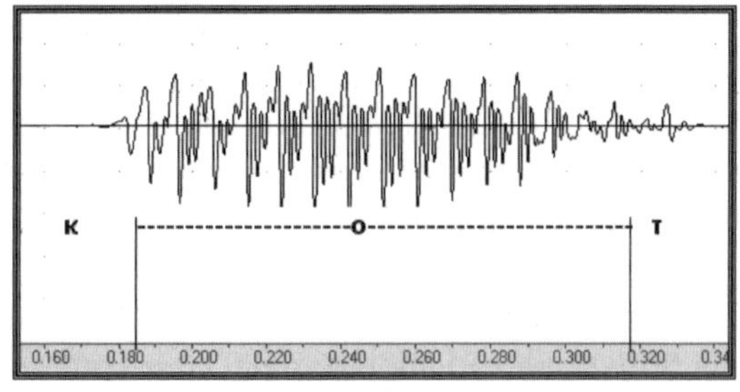

In this waveform of the word *кот*, the stressed **о** is a little more than 10/100 of a second long. However, when the genitive singular of the same word is pronounced, *кота́*, with an unstressed **о**, the following waveform is produced.

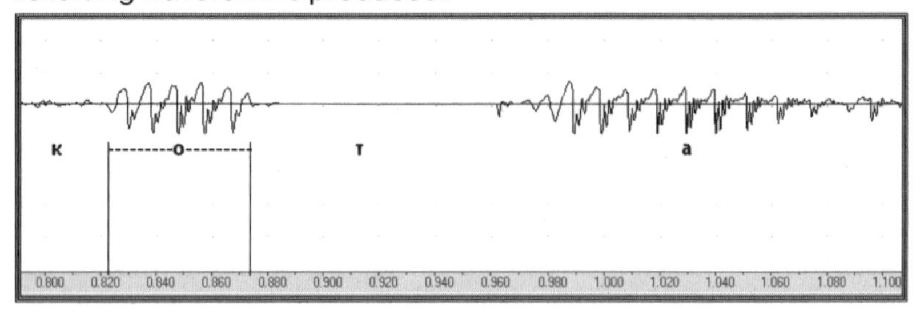

In this waveform the unstressed **o** is about 5/100 of a second long or less than half as long as when it was pronounced under stress.

Stress phenomena are marked in writing or in print in two ways. The most common stress mark is the acute mark (´) over a vowel: *котá*. The vowel letter **ё**, however, is always stressed and so the two dots (¨) over this letter constitute a stress mark. The letter **ё** is never written with the acute stress mark. In Russian, stress is shown in writing in some elementary school textbooks, in books for foreigners, and in most dictionaries. Finally, even when stress is marked, it is common not to mark stress at all on monosyllabic words: *кот*, *мать*, *друг*, since it is understood that stress falls on the only vowel available. Stress rarely falls on prepositions. The absence of a stress mark on a monosyllabic preposition implies no stress (e.g., *о шкóле*). However, when a preposition does have a stress mark then the noun which it accompanies has no stress (e.g., *зá городом*).

1.2. Stress in Dictionaries

Since stress may shift from one vowel to another in various inflected forms of nouns, verbs, and adjectives, dictionaries use a system to show what the stress of any form of a given word will be. Since space restrictions preclude simply listing every form of every word, dictionaries often use the following system, based on the assumption that the user knows the case endings for nouns and adjectives, and the conjugation forms for verbs. That given, only as much information that is needed to predict the stress of each form of the word is provided. The location of stress always copies that of the **last (or only)** form given. Thus, the Oxford Russian-English dictionary entry for *квартира*:

кварти́р|а -ы

shows that this word has the gen sg ending **-ы**: *квартúры*. (The symbol | indicates that part of the word where changes, such as the addition of different endings, occur.) The entry also indicates that this word has stress on the **и** in all its forms. Since no other form of this word with a different stress is given, we understand that stress in all forms of this word follows that of the nom sg: *квартúры*, *квартúру*, *квартúре*, etc. Similarly,

игрá|ть -ю

has stress on the **а** in all of its conjugated forms. Since stress does not move around in this word, there is no need to give other forms of the word. The **-ю** is given simply to show how the verb is conjugated. Consider, however, the following partial dictionary entry:

враг -á.

In this entry the nominative form is *врáг*, with no ending, so the symbol | is not used. The genitive form, however, is *врагá*, with stress on the ending. Since the last form given has stress on the ending, we understand that **all** the other case forms of this word follow that of the last form given, namely final stress of the genitive singular.

Acc sg	*врагá*
Prep sg	*врагé*
Dat sg	*врагý*
Instr sg	*врагóм*
Nom pl	*враги́*
Acc/gen pl	*врагóв, etc.*

Note

Throughout this text, paradigms are given in the order: nom, acc, gen, prep, dat, instr. This order allows us to make use of the syncretisms (commonalities) between cases, such as masc acc sg anim = gen sg. The traditional order of nom, gen, dat, acc, inst, prep does not allow for this simplification.

Here is a partial dictionary entry for the verb *писáть*:

пи|сáть -шý, ˊ-шешь.

The entry indicates two facts: 1) the **с** shifts to **ш** in this word when it is conjugated, and 2) stress jumps back one syllable after the 1st person sg form. Here is the full present tense paradigm of this verb.

пишý	пи́шем
пи́шешь	пи́шете
пи́шет	пи́шут

As you can see, stress jumps back one syllable in the **ты** form of this verb, and this is indicated in the dictionary entry. All the other forms follow the stress of the final form of the dictionary entry. Later you will learn ways to predict whether or not a verb has this stress pattern.

Practice

1. Read out loud the following partial dictionary entries. Then compare your reading with that of a native found on the CD accompanying this text. Then read through the exercise again.

02

<table>
<tr><th>Nouns</th><th>Prep sg</th><th>Inst sg</th><th>Nom pl</th><th>Prep pl</th></tr>
<tr><td>раб, -á</td><td>рабе</td><td>рабом</td><td>рабы</td><td>(о) рабах</td></tr>
<tr><td>бýкв|а -ы</td><td>букве</td><td>буквой</td><td>буквы</td><td>буквах</td></tr>
<tr><td>дожд|ь -я́</td><td>дожде</td><td>дождём</td><td>дожди</td><td>дождях</td></tr>
<tr><td>вдов|á -ы́, pl -ы́</td><td>вдове</td><td>вдовой</td><td>вдовы</td><td>вдовах</td></tr>
<tr><td>от|éц -цá</td><td>отце</td><td>отцом</td><td>отцы</td><td>отцах</td></tr>
<tr><td>лиц|ó -á, pl -á</td><td>лице</td><td>лицом</td><td>лица</td><td>лицах</td></tr>
<tr><td>волн|á -ы́, pl -ы́</td><td>волне</td><td>волной</td><td>волны</td><td>волнах</td></tr>
<tr><td>волк, -а, pl ≐ и</td><td>волке</td><td>волком</td><td>волки</td><td>волках</td></tr>
</table>

<table>
<tr><th>Verbs</th><th>Я</th><th>Ты</th><th>Он past</th><th>Они past</th></tr>
<tr><td>дýма|ть -ю</td><td>думаю</td><td>думаешь</td><td>думал</td><td>думали</td></tr>
<tr><td>читá|ть -ю</td><td>читаю</td><td>читаешь</td><td>читал</td><td>читали</td></tr>
<tr><td>рáд|овать -ую</td><td>радую</td><td>радуешь</td><td>радовал</td><td>радовали</td></tr>
<tr><td>рис|овáть -ýю</td><td>рисую</td><td>рисуешь</td><td>рисовал</td><td>рисовали</td></tr>
</table>

<table>
<tr><th>Adjectives</th><th>Gen sg masc</th><th>Inst sg fem</th><th>Nom pl</th><th>Gen pl</th></tr>
<tr><td>готó|вый</td><td>готового</td><td>готовой</td><td>готовые</td><td>готовых</td></tr>
<tr><td>тём|ный</td><td>тёмного</td><td>тёмной</td><td>тёмные</td><td>тёмных</td></tr>
<tr><td>дúк|ий</td><td>дикого</td><td>дикой</td><td>дикие</td><td>диких</td></tr>
<tr><td>бол|ьнóй</td><td>больного</td><td>больной</td><td>больные</td><td>больных</td></tr>
<tr><td>плох|óй</td><td>плохого</td><td>плохой</td><td>плохие</td><td>плохих</td></tr>
</table>

1.3. Two Stress Spelling Rules

Russian contains two spelling rules, which interact in an important way with stress.

Stress Spelling Rule 1
The letter **ё** is always stressed.

Whenever **-ё-** is written, it is stressed. Given this rule, there can be no question about stress locus in the following words:

берёза, актёр, ёлка, соединённый.

However, since **ё** is normally only written in dictionaries, children's books, and textbooks for foreigners, this rule is of limited value. Perhaps a more useful stress-related spelling rule deals with the question of when to write the letter **о** or **е**. This rule is traditionally given: "unstressed o is never written after hushers (**ж**, **ш**, **ч**, **щ**) or **ц**, instead write **е**." The inverse of this spelling rule gives us the second stress spelling rule:

Stress Spelling Rule 2
The letter **о** is stressed when written after **ж**, **ш**, **ч**, **щ**, or **ц**.

Accordingly, when the letter **о** is written after a husher or **ц**, it might as well have a stress mark on it, because it is stressed:

девчóнка, мешóк, снежóк, яйцó.

Of course, the **о** in *мешок* and *снежок* is a fleeting vowel and disappears in declension: *мешки́*, *снежки́*. The **о** in *девчонка* is not a fleeting vowel.

The only exceptions to this rule are borrowings: *шотла́ндец*, *шокола́д*, *шоссé*, *шофёр*. Many inflectional endings begin with the letter **о**, and so this rule can be seen in inflected forms:

	большóй	*ножóм*	*отцóв*	*чужóго*
ending:	*-ой*	*-ом*	*-ов*	*-ого*

Logically, then, if you know an ending has an **o**, but it is written **e**, you can be sure it is not stressed:

хоро́шей *му́жем* *не́мцев* *ры́жего*

> **Note**
>
> Sometimes **ё** occurs after hushers (never after **ц**): *тяжёлый, чёрный, шёпот*. These words are pronounced exactly as if they were written with an **o**: *чо́рный*, etc. For the most part **ё** is found after hushers within roots (*чёрный*), in verb endings (*лжёт*), and the ppp suffix **-ённ-** (*напряжённый*), whereas **o** usually occurs after hushers in endings (*карандашо́м*) and in suffixes (*дружо́к*).

Practice

1. Read the following out loud. Note that *ё* occurs in roots, in verb endings, and in the ppp, while *o* occurs in noun and adjective endings. Compare your reading with that found on the CD. 03

вооружённый	жёлтый	почётный	горшок
чужого	решётка	подчёркивать	чужом
врачом	причёска	насчёт	ещё
свечой	чёрный	берёт	цокать
порошок	щётка	душой	кружок

2. Read the following out loud. You should be able to read each one without reference to a dictionary. 04

полёт	ребёнок	бойцов	зайцем
посёлок	с малышом	путёвка	с ключом
пятёрка	пальцев	вашего	в лучшей
в бывшем	в нашей	братцев	падежом
с багажом	шорох	мешок	прыжок

3. Read the following phrases out loud. Check the dictionary entry for the stress of every word you are not sure of. 05

приём у врача	вы́йти на поле с мячом
первый толчок	они краду́т какую-то мелочовку
впрочем	за рубежом

со всей душой	под этим этажом
сына, похожего на отца	в луже кро́ви
шпион сжёг все бума́ги	с мужем

06

4. Pre-reading stress analysis. Read the following words out loud. Note that you can determine the stress of each word by means of a spelling rule or by the fact that the word is monosyllabic.

мой	вас	с ним	шла
дружок	он	горячо	чрез (= через)
ваше	как	на неё	вдруг
лицо	чём-то	Песцов (surname)	шорох
что	общего	душой	глаз

07

5. Read the following excerpts from Tolstoy's *Anna Karenina* out loud. Compare your reading with that found on the CD.

1. Проща́йте, мой дружок, – отвеча́ла графи́ня. – Да́йте поцелова́ть ваше хоро́шенькое лицо. Я про́сто, по-стару́шечьи, пря́мо говорю́, что полюби́ла вас.

2. В окно́ он ви́дел, как она́ подошла́ к бра́ту, положи́ла ему́ ру́ку на́ руку и что́-то оживлённо начала́ говори́ть ему́, очеви́дно, о чём-то не име́ющем ничего общего с ним, с Вронским, и ему́ э́то показа́лось доса́дным.

3. Серге́й Ива́нович хоте́л что-то сказа́ть, но Песцов свои́м густы́м ба́сом переби́л его́. Он горячо на́чал дока́зывать несправедли́вость э́того мне́ния.

4. Лицо его́ покрасне́ло пя́тнами, и му́тные глаза́ гляде́ли пря́мо на неё. Да́рья Александровна тепе́рь все́ю душой уже́ жале́ла его́. (всею = всей)

5. Пе́рвое лицо, кото́рое он увида́л, была́ mademoiselle Linon. Она шла чрез за́лу, и лицо её сия́ло. Он то́лько что заговори́л с не́ю. (нею = ней)

1.4. Three Stress Patterns

Russian has three main stress patterns: default, ending, and shifting. It is very useful to categorize words by stress pattern: the pattern immediately indicates what stress the word has in all its forms. In the following chart, in addition to nouns, verbs, and adjectives there is information for the past passive participle (long form and short form) since these are often encountered in reading.

Before introducing the three patterns, it may be useful to review a few important definitions.

With regard to stress, **default** is the location of the expected stress in a word if there is no reason for stress to be elsewhere in the word.

A **stem** refers to the whole word without the ending: *газет-а*, *окн-о*, *больниц-а* (where *-ниц-* is a suffix and part of the stem), *стол* (the entire word in this form is also the stem).

An **ending** refers to the final component of nouns and adjectives that give information about case, number (singular or plural), and gender. In verbs, the ending gives information about person, number, and tense (present or past).

A **suffix** is a recurring sequence of sounds usually found at the end of a stem, right before the ending or before another suffix: *боль-**ниц**-а*, *благодар-**н**-**ость***.

The **past passive participle** (ppp) is that form of a verb which expresses the meaning 'which was', as in *напи́санный* 'which was written'. It may occur in the long form or in a short form (*напи́сан*, *напи́сана*, etc.).

Distribution of the Three Main Stress Patterns in Russian

Parts of speech	Default	End	Shifting
Nouns	✓	✓	✓
Adjectives	✓	✓	✓
Ppp short form	✓	✓	✓
Ppp short form	✓	–	–
Verbs	✓	✓	✓

As indicated above, default stress is found in all parts of speech except for the long form of past passive. In the following illustration, the long box refers to a stem, which may or may not contain a suffix (indicated by the dotted line) and the short box refers to any ending.

			Stem	Ending
Default stress	Sg	*вну́чка*		
	Pl	*вну́чки*		
End stress	Sg	*рыба́к, а́*		
	Pl	*рыбаки́*		
Shifting stress	Sg	*го́род*		
	Pl	*города́*		

As we will see later, the shifting stress pattern includes several other variations besides the one given here.

Default Stress. Most Russian words have this pattern: stress is on the same vowel of the stem in the sg and the pl for nouns and adjectives, and all forms, present and past, for verbs. However, many high frequency words do not have this pattern.

End Stress. Stress is on the ending in all forms. If there is no ending then stress falls on the last vowel of the stem.

Shifting Stress. Words with shifting stress have stress on one vowel in some forms but then it shifts to another vowel in other forms of the same word. For example, the noun *го́род* has stress on the stem in the sg, but on the endings in the pl: *города́*, *городо́в*, etc. Shifting stress words have this feature in common: stress falls on the stem in only some forms of the word.

The rest of this handbook is devoted to providing information on how to predict what stress pattern any given word falls into and to practicing correct stressing habits.

Chapter 2

2.1. The Default Stress Rule

The Default Stress rule
Words are stressed on the final vowel of the stem.

When there is no other reason for stress to be on another syllable, then the default stress rule is invoked. This rule accounts for stress in tens of thousands of native Russian words, in most borrowed words, and in abbreviations and acronyms. Words with default stress usually have stress on the vowel just to the left of the inflectional ending.

2.2. Native Russian Words

The default stress rule can be seen in operation in the following native Russian words.

кото́рый	ру́сский	ста́рший	пра́вда
знать	рабо́та	коне́чно	про́сто
зна́ю	ка́ждый	вели́кий	хоро́ший
са́мый	си́ла	кни́га	госуда́рство
челове́к	наро́д	после́дний	уме́ть
пе́рвый	рабо́чий	заво́д	доро́га
на́до	мо́жно	америка́нский	совсе́м
сейча́с	понима́ть	нау́ка	говори́ть

Many Russian words have suffixes. Compare, for example, the following two columns, where words in the first column have no suffix, while words in the second column do have a suffix (marked).

No suffix	**Suffixed**
блю́до	акаде́м**ик**
брат	кре́п**ость**
восто́рг	ли́ч**н**ый
обе́д	де́в**очк**а

Note that nouns without a suffix have stress on the final vowel of the stem as expected, but those with a suffix have stress right before the suffix. Most **noun** and **adjective** suffixes and a **few** verb suffixes are **not stressable**. Instead stress falls to the left of the suffix. We still consider this as default stress: stress falls as close to the end of the stem as possible. We will have much more to say about suffixes shortly. For now, remember that most noun and adjective suffixes are not stressable.

Let's look more closely at how the default stress rule works. In the following, we have marked the stem and separated it from the ending.

Verbs	брос**á**-ть	брос**á**-ю	брос**á**-ешь	брос**á**-ют
	конч**á**-ть	конч**á**-ю	конч**á**-ешь	конч**á**-ют
	стар**é**-ть	стар**é**-ю	стар**é**-ешь	стар**é**-ют
	рисов**á**-ть	рис**ý**-ю	рис**ý**-ешь	рис**ý**-ют
Nouns	предл**ó**г	предл**ó**г-а	предл**ó**г-и	
	глаг**ó**л	глаг**ó**л-а	глаг**ó**л-ы	
	троп**и́**нк-а	троп**и́**нк-и	троп**и́**нк-и	
	уд**ó**бств-о	уд**ó**бств-а	уд**ó**бств-а	
Adjectives	н**ó**в-ый	н**ó**в-ая	н**ó**в-ое	н**ó**в-ые
	тяж**ё**л-ый	тяж**ё**л-ая	тяж**ё**л-ое	тяж**ё**л-ые
	уд**ó**бн-ый	уд**ó**бн-ая	уд**ó**бн-ое	уд**ó**бн-ые

Note

Most verb stems end in a vowel, and most noun and adjective stems end in consonants.

As can be seen, these words all exhibit default stress: stress falls on the last vowel of the stem. In Russian, this is the normal place for stress to fall. For most words stress marks the end of the stem. About 85% of Russian words have default stress. As we saw earlier, there are two main deviations from the default stress pattern: end stress and shifting stress. While default stress is normal, it should be emphasized that deviations occur most often among high frequency words. This makes some sense, because high frequency words are heard and spoken often, making any irregularities that they have easily remembered.

Practice

🎧 **1. Read the following words out loud. They all have default stress.** 08

2 syllables		3+syllables	
басня	касса	воробей	задача
бывать	книга	государство	коллега
вечный	краткий	долина	крестьянство
карта	лампа	завернуть	лопата
ёлка	матрос	получать	медицина
женский	менять	говорить	кровавый

🎧 **2. Pre-reading stress analysis. Read the following words out loud. They all have default stress. For each word the stem has been separated from the ending.** 09

Verbs		Nouns, adjectives, adverbs	
проща-йте	положи-ла	прост-о	прям-о
отвеча-ла	говори-ть	к брат-у	рук-у
графин-я	показа-лось	оживлённ-о	очевидн-о
дай-те	хоте-л	досадн-ым	Сергей
поцелова-ть	сказа-ть	бас-ом	мутн-ый
полюби-ла	переби-л	Дарь-я	теперь
покрасне-ло	гляде-ли	тольк-о	вдруг
сия-ло	заговори-л	дверь-ю	плать-я
исчез-ла			

🎧 **3. Read the following excerpts from *Anna Karenina* out loud. Note that most of these words have default stress or stress based on a spelling rule.** 10

1. Прощайте, мой дружок, – отвечала графиня. – Дайте поцеловать ваше хоро́шенькое лицо. Я просто, по-стару́шечьи, прямо говорю́, что полюбила вас.

2. В окнó он ви́дел, как онá подошлá к брату, положила емý руку нá руку и что-то оживлённо началá говорить емý, очевидно, о чём-то не имéющем ничегó общего с ним, и с Вронским, и емý это показалось досадным.

3. Сергей Ивáнович хотел что-то сказать, но Песцов свои́м густы́м басом перебил егó. Он горячо нáчал докáзывать несправедли́вость э́того мнéния.

4. Лицо егó покраснело пя́тнами, и мутные глазá глядели прямо на неё. Дарья Алексáндровна теперь всею душой ужé жалела егó. (всею = всей)

5. Первое лицо, которое он увидал, была mademoiselle Linon. Онá шла чрез залу, и лицо её сияло. Он только что заговорил с нею. (с нею = с ней)

11

🎧 4. Read the following phrases out loud.

наступает годовщина

великий народ

отмечаем годовщину нашей первой встречи

купила детский журнал

с русским народом

литературный журнал

укреплять дружбу между народами

подписаться на научные журналы

народы мира

2.3. Borrowed words

Words that are recognizably borrowed (i.e., words whose roots are also found in English) have default stress if their stem has three syllables. Compare the location of stress in the following.

institute – институ́т
university – университе́т
crocodile – крокоди́л
president – президе́нт
stadium – стадио́н
candidate – кандида́т
instrument – инструме́нт
pyramid – пирами́да

restaurant – рестора́н
document – докуме́нт
margarine – маргари́н
alphabet – алфави́т
automobile – автомоби́ль
catacomb – катако́мбы
businessman – бизнесме́н
barricade – баррика́да

general – генера́л
veteran – ветера́н
battery – батаре́я
democrat – демокра́т
interval – интерва́л
median – медиа́на
procedure – процеду́ра
synagogue – синаго́га

Note

Most of the Russian words above were not borrowed from English, but from other European languages.

Borrowed words with three or more syllables regularly have default stress. When the borrowing has only two syllables, then stress tends to copy the stress of the source word.

ре́ктор < Latin *rector*
ко́микс < English *comics*
па́стор < German *Pastor*
ми́тинг < English *meeting*

конво́й < Dutch *konvooi*
жира́ф < French *giraffe*
кварте́т < Italian *quartetto*
актёр < French *acteur*

Since the stress of the source word is often unknown, it is usually best to check the stress of two-syllable borrowings in a dictionary, if you are not sure.

Finally, some borrowed nouns have a Russian suffix. Recall that most noun and adjective suffixes are not stressable: stress falls right before the suffix (*де́вочка*):

акаде́мик, меха́ник, те́хника, фами́лия, шко́льник, фотогра́фия, тео́рия.

(For a list of the handful of exceptions, such as *учени́к* 'pupil,' see Appendix 1.)

In addition, Russian has a number of nouns with a foreign suffix, such as **-ист**, **-тор**, and **-изм**. These words have default stress, with stress falling on the suffix. Compound suffixes, such as **-атор**, have stress on the first syllable (the second syllable of compound suffixes is unstressable):

-и́ст	арти́ст, машини́ст, специали́ст, тури́ст, экономи́ст
-а́тор/-я́тор	агита́тор, термина́тор, индика́тор, губерна́тор, стимуля́тор
-ло́ги(я)	геоло́гия, биоло́гия, хроноло́гия, психоло́гия, техноло́гия

Oddly enough, when the last portion of the suffix **-логи(я)** is deleted to form a word denoting a specialist of a given science, then the unstressable nature of the suffix is retained: *гео́лог*, *био́лог*, *психо́лог*.

Practice

12

1. Read the following words out loud.

автомобиль	генератор	механик	пассажир
анекдот	график	журналист	социология
вентилятор	демократия	линия	социолог
вибрация	диаграмма	люминесценция	трансформатор

13

2. Read the following words out loud. Not all are borrowings.

передача	церемония	совет	филолог
вопрос	калейдоскоп	филология	изолятор
погода	программа	книжечка	ФСБ*
переход	бабочка	единогласно	ОВИР**
оператор	девочка	книга	политика
техника	милиция	политика	лектор

* Федера́льная слу́жба безопа́сности.

** Отде́л виз и регистра́ции.

14

3. Read the following phrases out loud. Look up the stress of any word you are not sure of.

смотреть передачу	получить совет
задать вопрос	книги, которые изменили мир
университетская политика	новая классификация
церемония брака	Китайская Народная Республика
счастливая девочка	научная экспедиция
прогноз погоды	вокруг стадиона

15

4. Pre-reading stress analysis. What is the reason for the stress in the following? Is it due to: (a) the word is monosyllabic, (b) default stress, (c) a spelling rule, (d) the word is 3-syllable foreign word, (e) an unstressable suffix?

речь	ходил	новый	старичок
губернатор	коридор	о жизни	совсем
пошёл	вспоминая	знаменитый	глупо
из зала	интересовался	кроме	показалось
ждали	учёный	осталось	сначала
в церкви	невольно	неясное	портретист
в клетке	узнал	добрый	
зверь	интересный	милый	

16

5. Read the following sentences from *Anna Karenina* out loud. Repeat until you can read them smoothly.

1. Око́нчив речь, губернатор пошёл из залы*.

2. Жениха́ ждали в церкви, а он, как за́пертый в клетке зверь, ходил по ко́мнате, выгля́дывая в коридор и с у́жасом и отча́янием вспоминая, что он наговорил Кити и что она́ может теперь ду́мать.

3. Хотя́ Ле́вин не интересовался биографией учёного, но невольно слу́шал и узнал ко́е-что интересного и нового о жизни знаменитого учёного.

4. Он портретист замеча́тельный.

5. Кроме того́, у него́ осталось неясное воспомина́ние о том, что то, что говорил этот добрый и милый старичок, было не совсем так глупо, как ему́ показалось сначала, и что тут что-то есть такое, что нужно уяснить.

---

* Из залы – устар., новое: *из зала*.

2.4. Root Stress

Recall that default stress is on the final syllable of the stem. Some words, however, have stress on a vowel that is not stem final. Almost all of these are due to the presence of a suffix (e.g., *де́вочка*). However, some words have stress on a root vowel in the absence of any good reason. In these words, we might expect default stress, but instead, stress falls on the root. A few examples are:

nouns:	кри́зис, ана́лиз, га́лстук, ша́хматы, авто́бус, те́ннис, у́жас, ме́сяц;
verbs:	ду́мать, встре́тить, ви́деть, пла́вать, бе́гать, па́дать, отве́тить;
adjectives:	ви́димый.

Like words with default stress, these words have the same vowel stressed throughout all their forms. The only quirkiness is that they are unstressed on the stem **final** vowel.

A quick survey of the nouns in this group indicates that almost all of them are borrowings, i.e., they have retained the stress of the word in the source language. However, not all of these nouns are borrowed, as suggested by the last two nouns in the list above. There are only a handful of native **root** stressed nouns, so it is best simply to memorize these root stressed nouns as exceptions. The most often encountered are listed in Appendix 2.)

The situation with root stress verbs is similar. There are relatively few verbs of this type and their stress must simply stand out as being odd against the backdrop of the thousands of verbs with default stress. (See Appendix 3 for high frequency root stress verbs.)

A few adjectives have root stressed:

а́томный, *ме́дленный*, *веще́ственный*, *вре́менный*, *госуда́рственный*, *и́скренний*, *ве́жливый*, *осо́бенный*.

You should pay particular attention to root stressed words when encountered. These words, whose root stress cannot be accounted for by the presence of a suffix, are few but many of them, especially the verbs, are frequently used.

Finally, note that a very few words have a suffix but still have root stress: *па́мятник* 'monument', *на́волочка* 'pillowcase'. These rarities should be viewed with interest and memorized when encountered.

Practice

1. Pre-reading analysis. Given the stress of the words in the column on the left, you should be able to read out loud correctly the words in the right column. 17

тро́гать	трогаю, трогаешь
ба́рин	барина, барину
де́лает	делаю, делаешь
рабо́тать	работаю, работаешь
осо́бенное	особенного, особенному
заме́тила	замечу, заметишь
нару́шило	нарушу, нарушишь
Ле́вин (surname)	Левина, Левину
уда́рился	ударюсь, ударишься
уда́рил	ударю, ударишь
ве́рований	верование, верования
тре́бовало	требую, требуешь

2. Read the following excerpts from *Anna Karenina* until you can read them smoothly. 18

1. Как я говорил вам, есть в нём какая-то хо́лодность к тем самым главным вопросам, которые должны́ трогать ду́шу всякого человека, всякого ребёнка.

2. Барин ничего не делает, мужик рабо́тает и вытесняет праздного человека.

3. Вероятно, в Анне было что-нибудь особенное, потому что Бетси то́тчас заметила это.

4. Однако счастье его́ было так велико, что это признание не нарушило его, а придало ему только новый оттенок.

5. Вдруг лошади рванулись, Левин ударился голово́й о ствол чьего́-то ружья́, и раздался выстрел.

6. Вронский ударил её <лошадь> каблуко́м в живот и опять стал тянуть за поводья.

7. И ему теперь казалось, что не было ни одного из ве́рований церкви, которое бы наруша́ло главное – веру в Бога, в добро как единственное назначение человека.

8. Ле́вин <...> опять вспоминал об этом хозяйстве, как будто что-то в этом впечатлении требовало его особенного внимания.

9. Он отдыхал теперь, то есть не работал над своим сочинением.

10. Как ни говорите, меня́ трогает судьба́ э́того человека.

19

3. Read the following sentences out loud. See if you can make the sentences make sense.

ку́шаю куку́шку	сле́сарь сле́пнет
дви́гаю дви́гатель	ги́бель ги́бнет
жа́воронок жа́ждет	па́шня па́хнет
содержа́ние ржаве́ет	ужин ужа́сен
дости́гли замести́теля	стро́го тро́гает

2.5. Constancy of Stress

The default stress **pattern** in nouns implies stress falls consistently on the same syllable of a word throughout the sg and pl paradigms:

Sg

Pl

Sg	Nom	рассве́т	неде́ля	боло́то
	Acc	рассве́т	неде́лю	боло́то
	Gen	рассве́та	неде́ли	боло́та
	Prp	рассве́те	неде́ле	боло́те
	Dat	рассве́ту	неде́ле	боло́ту
	Instr	рассве́том	неде́лей	боло́том
Pl	Nom	рассве́ты	неде́ли	боло́та
	Acc	рассве́ты	неде́ли	боло́та
	Gen	рассве́тов	неде́ль	боло́т
	Prp	рассве́тах	неде́лях	боло́тах
	Dat	рассве́там	неде́лям	боло́там
	Instr	рассве́тами	неде́лями	боло́тами

Most words have this constant pattern of stress on the same vowel throughout. Even words with suffixes and borrowed words show the same consistent stress.

Sg	Nom	ма́льчик	анекдо́т
	Gen	ма́льчика	анекдо́та
	Instr	ма́льчиком	анекдо́том
Pl	Nom	ма́льчики	анекдо́ты
	Gen	ма́льчиков	анекдо́тов
	Instr	ма́льчиками	анекдо́тами

Given the stress of the nom sg of a noun or adjective or the stress of a verb in the infinitive is it possible to predict the stress of the other forms of the word? In most cases, yes.

Stress is consistently on the same vowel throughout in the following:

A. Fem nouns whose nominative singular ends in **-а** or **-я** with default or root stress:

апте́ка	ба́бочка	ка́мера
бесе́да	ка́рточка	му́зыка
встре́ча	кни́жечка	ко́мната
газе́та	коро́бочка	ста́туя

Words in the first two columns have default stress. Words in the third column have root stress. They are borrowings whose stress reflects that of their source. The important thing to note is that whenever fem nouns are stressed on the stem in the nom sg, then that stress stays on the same vowel throughout the entire paradigm.

B. Suffixed nouns with default stress:

кни́жечка	у́дочка	фи́зик	генера́тор
репута́ция	уча́стник	филосо́фия	биоло́гия
тео́рия	бу́лочка	лётчик	био́лог

C. Nouns with multisyllabic roots and most borrowings:

меха́ника, телефо́н, цеме́нт, культу́ра, проце́сс, матема́тика.

D. All long form adjectives:

дру́жный   дру́жного   дру́жном
дру́жная   дру́жную   дру́жной   дру́жные   дру́жных   дру́жными
дру́жное   дру́жное   дру́жном

E. Verbs with root stress:

встре́тить   встре́чу   де́лать   де́лаю
встре́тил   встре́тишь   де́лал   де́лаешь
встре́тила   встре́тит   де́лала   де́лает
встре́тило   встре́тим   де́лало   де́лаем
встре́тили   встре́тят   де́лали   де́лают

Because most words are stressed consistently when inflected, if you know the stress of any form of the kinds of words illustrated in A–E, you know the stress of all the other forms.

Practice

20

1. Use the Default Stress Rule to predict stress on the following. Suffixes may be present.

желать   желаю   желает   желал   желала
звёздочка   звёздочки   звёздочкой   звёздочки   звёздочек
короткая   короткую   короткой   короткие   коротких
заставлять   заставляю   заставляет   заставлял   заставляла
дыхание   дыхания   дыханием   дыхания   дыханий
изменять   изменяю   изменяет   изменял   изменяла
меридиан   меридиана   меридианом   меридианы   меридианов

21

2. Complete the following phrases, using one of the words in A.

бежать на ______________ дистанцию

затаить ______________

______________ успеха!

она ____________ меня повторять

гри́нвичиский ____________

если мне не ____________ память

эта передача ____________ думать

в возможно ____________ сроки

у старика́ тяжёлое ____________

отме́тить слово ____________

3. Read the following words out loud. 22

забо́та, заботу, заботой, заботы, заботами,
ка́рточка, карточку, карточкой, карточки, карточками,
диктофо́н, диктофона, диктофоне, диктофонами,
междунаро́дная, международную, международной, международными,
уте́шить, утешу, утешишь, утешил

4. Read the following excerpts from *Anna Karenina* out loud. 23

1. Ему захватило дыхание*.

2. Он слы́шал её тяжёлое, громкое дыхание, и ему было невыразимо жалко её.

3. И чем больше он старался себя успоко́ить, тем всё хуже захва́тывало ему́ дыхание.

4. Он с новой силой почу́вствовал самого́ себя́, от упругих движений ног до движения лёгких при дыхании.

5. Он побледнел и с минуту не мог перевести́ дыхания.

6. Она́, улыбаясь, смотре́ла на него́; но вдруг брови её дро́гнули, она́ подняла́ го́лову и, быстро подойдя́ к нему́, взяла́ его́ за́ руку и вся прижалась к нему, обдавая его́ свои́м горячим дыханием.

* В современном языке: *У него захватило дыхание*.

2.6. Default Stress in Suffixed Nouns

We have noted in Russian noun and adjective suffixes are usually preceded by stress. We have seen only a few noun suffixes that are not preceded by stress. Instead, they themselves are stressed: **-ант** (*курсáнт*, *музыкáнт*), **-изм** (*механúзм*, *социалúзм*), **-ист** (*специалúст*, *турúст*), **-логи(я)** (*фонолóгия*, *этнолóгия*) – all borrowed suffixes. Most other noun suffixes are preceded by stress. So, with the exception of the borrowed suffixes just mentioned and a handful of "odd" suffixes discussed later, you should expect suffixed nouns to have stress consistently just to the left of the suffix. As mentioned earlier, this is a variation of default stress.

Monosyllabic suffixes
(for exceptions see Appendices 1 and 6)

-(н)ик	стóлик, дóждик, словáрик, фúзик, начáльник, охóтник
-(н)ик(а)	крúтика, математúка, респýблика, фáбрика, истéрика
-чик	зáйчик, лётчик, мáльчик, колокóльчик, закáзчик
-(н)ец*	инострáнец, пáлец, брáтец, американец, земледéлец
-тель	прия́тель, родúтель, учúтель, строúтель, писáтель
-лог	геóлог, психóлог, археóлог
-ок	ботúнок, деся́ток, желýдок, недостáток, отры́вок
-и(я)**	истóрия, изоля́ция, продýкция, профéссия
-(н)ица	гостúница, кýрица, лéстница, племя́нница, ýлица
-очк-а	клéточка, кáрточка, Снегýрочка
-(н)ость	благодáрность, опáсность, скóрость, трýдность
-к-а	бумáжка, пересáдка, берёзка
-(н)и(е)	значéние, изучéние, путешéствие, развúтие
-е(н)ств(о)	рáвенство, пéрвенство, óбщество, мнóжество

---

* There are a number of mostly monosyllabic words where this suffix is stressed in the nom sg, e.g., *отéц*, *купéц* (discussion in Chapter 3).

** When attached to words denoting medicine this suffix is stressed: *аллергúя*, *терапúя*, *миопúя*, *амнезúя*, etc., and in the important word *Россúя*.

Compound suffixes

If the first element starts with a vowel, it is stressed. If the first element starts with a consonant, stress falls to the left.

-а́нин/-я́нин	парижа́нин, марсиа́нин, крестья́нин
-а́тор	рестора́тор, резона́тор
-ёнок	ребёнок, телёнок
-и́рование	делеги́рование, плани́рование
-тельница	учи́тельница, писа́тельница
-ничество	сотру́дничество, сопе́рничество

The above lists the most frequently encountered noun suffixes. In addition, most other, less frequently seen, noun suffixes are also preceded by stress. Rather than try to memorize each suffix separately, it may be best for the learner to simply know that suffixed nouns (and adjectives) generally have consistent stress just to the left of the suffix. There are important exceptions to this (discussed in Chapter 3) but these are few enough that they can be learned.

Practice

1. Identify the suffixes in each of the following words. Then read them out loud. Remember that *-ант*, *-изм*, *-ист* are stressable. 24

редкость	производство	колодец
улыбка	помощник	подоконник
крепость	ликвидация	аспирант
совпадение	машинист	открытие
догадка	школьник	носитель

2. Read the following phrases out loud. Note default stress and default stress next to suffixes. 25

1. Победа советского народа над Германией и её союзниками.

2. Просто этот дождик тёплый, помогает расти́ триба́м.

3. Магазин «Мир школьников» открылся в понедельник.

4. Заказывая визитки у нас, вы получаете в пода́рок визитницу!

5. Как копать колодцы?

6. Праздники в России любят все.

7. Банк предложил новую карточку.

8. Теперь можно купить холодильник не выходя́ из дома.

9. Книжные редкости в букинистических магазинах Москвы.

10. Если вы потеряли карточку, то можно снять деньги, придя в банк.

26

3. Pre-reading analysis. Note the location of the suffix marked in the following nouns and adjectives. Stress is default in each.

мал**еньк**ий

маль**чик**

чтения

руч**онк**а (cmpd suffix: *-он+к*)

пух**л**ый

француз**ск**ий

курт**очк**а

27

4. Read the following excerpt from *Anna Karenina* out loud until you can read it smoothly.

Когда́ Анна вошла́ в ко́мнату*, Долли сидела в ма́ленькой** гостиной с белоголовым пухлым мальчиком, уж теперь похожим на отца́, и слу́шала* его́ урок из французского чтения. Мальчик читал, вертя́*** в руке́ и стара́ясь оторва́ть чуть державшуюся пу́говицу* курточки. Мать не́сколько* раз отнимала руку, но пухлая ручонка опять брала́сь за пу́говицу. Мать оторвала́ пу́говицу и положила её в карман.

* Root stress.

** Adjective suffix *-еньк-*.

*** 'Turning, twisting'.

2.7. Default Stress in Adjectives

Like nouns, adjectives are inflected for case, number, and gender. In addition, many adjectives have a short form inflected for number and gender. All long form and most short form adjectives have default stress consistently throughout all forms.

Long form			**Short form**	
Sg		**Pl**		
Nom	гото́вый	гото́вые	Masc	гото́в
Acc	гото́вый	гото́вые	Fem	гото́ва
Gen	гото́вого	гото́вых	Neut	гото́во
Prp	гото́вом	гото́вых	Pl	гото́вы
Dat	гото́вому	гото́вым		
Ins	гото́вым	гото́выми		

This adjective exhibits consistent default stress throughout long and short forms. Some long form adjectives have stress on the ending and a good number of short form adjectives have a shifting stress pattern. We will discuss these deviations in Chapter 3. As with nouns and verbs, we would like to be able to predict stress location in long form adjectives.

The Default Stress Rule correctly predicts stress for non-suffixed adjectives.

бе́лый	весёлый	гру́бый
твёрдый	бу́рый	двадца́тый
гото́вый	глу́пый	дешёвый

However, most adjectives are suffixed.

-н-	шко́льный, шу́мный, безуда́рный
-тельн-	значи́тельный, обяза́тельный, положи́тельный
-очн-	промежу́точный, бу́лочная, ска́зочный
-еньк-	но́венький, бе́ленький, ста́ренький
-чив-	улы́бчивый, насто́йчивый, засте́нчивый
-йческ-	практи́ческий, герои́ческий, истори́ческий
-ствен-	обще́ственный, отве́тственный, со́бственный
-енн-*	осо́бенный, вре́менный, жи́зненный

* This suffix differs from the past passive participle suffix *-енн-/-ённ-* discussed later.

The adjectival suffix **-н-** is found in thousands of adjectives. Stress almost always precedes this suffix (see Appendix 8 for individual exceptions).

бе́дный	бле́дный	восто́чный
безуда́рный	ва́жный	замеча́тельный
сне́жный	возду́шный	о́пытный

As indicated in *замеча́тельный* the suffix **-н-** can be part of a compound suffix (here, **-тель-н-**) preceded by stress. Finally, note that as seen earlier in both nouns and verbs, adjectives may have root stress, even when suffixed. This is due to the presence of an inherently root stressed vowel: *а́томный*, *де́нежный*, *за́падный*. Root stressed words must be learned as they are encountered.

A few adjective suffixes are themselves stressed:

-(л)ив-* счастли́вый, дождли́вый, шутли́вый, лени́вый;

-(ов)ат-** крыла́тый, бога́тый, винова́тый, дорогова́тый, синева́тый;

-ист- души́стый, золоти́стый, мяси́стый.

---

* Unless the root is multisyllabic; compare: *дога́дливый, уро́дливый, забо́тливый*.

** If **-оват-**, stress remains on the **-а-**, not the initial vowel as normally found in compound suffixes.

Practice

1. **Read the following words out loud.** 28

Nom sg	Gen sg	Instr sg	Nom pl
заочный	заочного	заочным	заочные
за́падный	западного	западным	западные
зарубежный	зарубежного	зарубежным	зарубежные
известный	известного	известным	известные
инфекционный	инфекционного	инфекционным	инфекционные
искусственный	искусственного	искусственным	искусственные
заключительный	заключительного	заключительным	заключительные
замечательный	замечательного	замечательным	замечательные
счастливый	счастливого	счастливым	счастливые

2. Read the following sentences out loud until you can read them smoothly. Check the stress and meaning of any word you aren't sure of. 29

1. К их числу́ отно́сятся крова́вые события января́ 1905 года.
2. Продаётся милый пушистый котёнок.
3. Добро́ пожа́ловать в российскую сеть научно-технической информации.
4. Установлено, что быстрее всех других анекдотов распространяются политические анекдоты.
5. Интуиция может дать вам возможность быть уда́чливым.
6. Имеются отрицательные результаты.
7. Приступайте к работе на финансовых рынках!
8. У нас лучшие цены на хозяйственные товары.
9. Постоянная и временная регистрация иностранцев.
10. Тебе ну́жен маленький пушистый друг?

3. Analysis. Note the location of default stress in the following adjectives. Which suffix below is stressed? 30

реши**тельн**ый	физи**ческ**ий	нрав**ственн**ый
простодуш**н**ый	довер**чив**ый	наив**н**ый
хорош**еньк**ий	шут**лив**ый	привыч**н**ый

4. Read the following excerpts from *Anna Karenina* aloud until you can read them rapidly and smoothly.

1. – Нет, я не оста́нусь, – ответила Анна улыбаясь; но, несмотря́ на улыбку, и Корсунский и хозя́ин по́няли по решительному тону, с каки́м она́ отвечала, что она́ не оста́нется.

2. Анна испытывала почти́ физическое наслаждение в ощущении его́ близости и ласки и нравственное успокоение, когда́ встречала его́ простодушный, доверчивый и лю́бящий взгляд и слышала его́ наивные вопросы.

3. Вронский слу́шал с удовольствием этот весёлый ле́пет хорошенькой женщины, поддакивая ей, давал полушутливые советы и вообще то́тчас же при́нял свой привычный тон обращения с этого рода женщинами. (*подда́кивать* – 'say "yes" to').

2.8. Default Stress in Verbs

Unlike nouns and adjectives, which are inflected for case and number, verbs are inflected for tense (time): present, future, past and all time (infinitive). The **present tense** includes the present tense forms, the imperative, and we will include the simple future in this category, e.g. *прочитаю* since it is structurally identical to the present tense. The **past tense** includes the past tense forms and we will include the infinitive in this category, as well. From here on in we'll just refer to the present tense and past tense when discussing the stress classification system for verbs, with the understanding that each category contains the other forms just mentioned.

Default stress in verbs differs somewhat from default stress in nouns and adjectives. In the latter, stress falls on the final stem vowel, unless the word is suffixed, in which case stress falls just to the left of most suffixes. Most verb suffixes are **stressable** and so default stress in verbs is on the suffix itself: *чита́ть*, *говори́ть*, *рисова́ть*. If the verb has no suffix then stress falls on **the first vowel after the root, i.e. on the ending**. We will characterize both types of stress (on the suffix and on the ending in the absence of a suffix) as normal verbal default stress. Default stress in verbs is right after the root, whether this be a suffix or an ending.

Let us first look at default stress in first conjugation verbs. Most 1st conj verbs are law-abiding citizens: stress is on the final vowel of the stem.

чита́-ть	чита́-ю	чита́-л
гуля́-ть	гуля́-ю	гуля́-л
старе́-ть	старе́-ю	старе́-л
волнова́-ть	волну́-ю	волнова́-л
закры́-ть	закро́-ю	закры́-л
нес-ти́	нес-у́	нёс, нес-ла́
пе́-чь	пек-у́	пёк, пек-ла́

The last two verbs listed above have no suffix but stress falls right after the root, just as if a suffix were present!

There are three suffixes used in verbs that defy the general tendency to stress the suffix or the vowel right after the verb root. With these three suffixes, stress falls to the left of the suffix.

-ыва- (-ива)	воспита́ть	but	воспи́тывать
	доказа́ть		дока́зывать
	загляну́ть		загля́дывать
	записа́ть		запи́сывать
	задержа́ть		заде́рживать
-ствовать	де́йствовать		
	чу́вствовать		
	приве́тствовать		
-(ну)-*	пога́снуть		замёрзнуть
	па́хнуть		дости́гнуть

There are comparatively few root stressed 1st conj verbs, such as *ду́мать*, *де́лать*, *у́жинать*. Since there is no way to predict that any given verb will have root stress, those encountered stand out when compared to the thousands of verbs that have default stress. Since they are so few, they can be learned individually. (Appendix 3 provides a list.)

---

* This is the hybrid **-ну-** suffix, which disappears in the past tense: *исче́знуть* → *он исче́з*.

A rule which covers both first and second conjugation verbs has to do with the prefix **вы-**. All perfective verbs with this prefix are stressed on this prefix in all forms: *вы́брать*, *вы́ехать*, *вы́йти*, *вы́полнить*, *вы́разить*, *вы́ступить* and many more. This rule has no exceptions. We can account for this in our formulation by suggesting that the prefix **вы-** is inherently stressed (like root stressed words) **when it is connected to a perfective verb**. By the way, nouns related to these verbs are similarly root stressed: *вы́боры*, *вы́езд*, *вы́ставка*.

In nearly all 1st conj verbs stress is consistently on the same vowel in all conjugated forms as it is in the infinitive. Therefore, the infinitive is often a good indicator of the location of stress throughout the paradigm. Verbs with root stress all have consistent stress throughout the present and past. The same is true if stress falls on a suffix: *чита́ть*, *гуля́ть*; stress remains consistently on the suffix throughout: *чита́ю*, *чита́л*, *чита́ла*, etc. (See section 3.5 for a few exceptions.)

Stress in 2nd conj verbs follows the same principles as for 1st conj verbs. Default stress is the norm:

говори́-ть	говор-ю́	говор-и́шь	говор-я́т
стоя́-ть	сто-ю́	сто-и́шь	сто-я́т
горе́-ть	гор-ю́	гор-и́шь	гор-я́т
крича́-ть	крич-у́	крич-и́шь	крич-а́т

(Note that in these verbs, there is no suffix in the present tense and stress falls on the first vowel after the stem.)

A fair number of 2nd conj verbs have root stress, for example: *бро́сить*, *ве́рить*, *ве́сить*, *поста́вить*, *е́здить*, *гото́вить*. Appendix 3 contains a list of the most likely encountered. Of course, Russian has a number of 2nd conj verbs with shifting stress: *спроси́ть*, *спрошу́*, *спро́сишь*. We will discuss these in section 3.6.

Practice

1. Read the following words out loud. 32

продолжать	продолжаю	продолжаешь	продолжал	продолжала
уметь	умею	умеешь	умел	умела
вынести (pf)	вынесу	вынесешь	вынес	вынесла
добавлять	добавлю	добавляешь	добавлял	добавляла
обратить (pf)	обращу	обратишь	обратил	обратила
оглядывать	оглядываю	оглядываешь	оглядывал	оглядывала
вырвать (pf)	вырву	вырвешь	вырвал	вырвала
пахнуть	пахну	пахнешь	пах	пахла
высказывать	высказываю	высказываешь	высказывал	высказывала
молчать	молчу	молчишь	молчал	молчала

2. Which of the following dictionary entries suggest default stress? 33

объясня́|ть -ю, -ешь	скла́дыва|ть -ю, -ешь
ска|за́ть -жу́, ́-жешь	обвиня́|ть -ю, -ешь
спра́шива|ть -ю, -ешь	сове́т|овать -ую, -уешь
объедин|и́ть -ю́, -и́шь	объясня́|ть -ю, -ешь
переда|ва́ть -ю́, -ёшь	уча́ств|овать -ую, -уешь
продолжа́|ть -ю, -ешь	старе́|ть -ю, -ешь

3. Here are some of the most frequently used verbs in Russian. Read each out loud and decide which ones are certain to have default stress throughout both present and past. Check a dictionary if you are not sure how to conjugate the verb. 34

анализи́ровать	бе́гать	броди́ть
мечта́ть	вспо́мнить	наблюда́ть
беле́ть	разделя́ть	слома́ть
бесе́довать	приве́тствовать	встре́тить
желте́ть	меша́ть	махну́ть

35

4. Read the following paradigms out loud. Count on default stress unless there is a reason to suspect stress on the root, such as the presence of the suffix *-ыва-*, *-ствова-*, or *-ну-*.

воспитываю, воспитываешь, воспитывал, воспитывала
страдаю, страдаешь, страдал, страдала
краснею, краснеешь, краснел, краснела
выступать, выступаю, выступал, выступала
отдохну, отдохнёшь, отдохнул, отдохнула
промокну, промокнешь, промок, промокла
вылететь, вылечу, вылетел, вылетела
окружу, окружишь, окружил, окружила

36

5. Read the following sentences out loud until you can read them smoothly. Check the stress or meaning of any word you aren't sure of.

1. Кто управляет информацией?
2. Он очень плохо реагирует на критику.
3. Спрашивайте, и вам ответят.
4. НАСА уточняет генеральный план освоения Марса.
5. В книге писали, что холерики сильно краснеют.
6. Аллергия – болезнь иммунной системы.
7. Уже пять лет я мечтаю купить квартиру или машину.
8. Жители этой области не выписывают газет и не знают о выборах.
9. Моя машина – моя крепость.
10. Они наконец-то научились рисовать.

37

6. Analysis. Column one has nouns and adjectives with default stress. Columns two and three have verbs with default stress (stress falls on the first vowel after the root, except for verbs with the suffix *-ыва-*). Read each out loud.

длин**н**ый	расскажу	убедился
истор**и**я	сказал	заговорил
зем**ск**ий	стал	играют
игр**ушк**а	рассказывать	забавляться
	сказать	

Note

The suffix **-ушк(а)** is a compound suffix (**-уш+к**) and stress falls on the initial vowel of this suffix. there are four important words with this suffix, however, that have root stress: *де́душка, ба́бушка, де́вушка, ма́тушка*.

38

7. Read the following excerpt from *Anna Karenina* out loud. Repeat until you can read it smoothly.

– Длинная история. Я расскажу когда-нибудь, – сказал Левин, но сейчас же стал рассказывать. – Ну, ко́ротко сказать, я убедился, что никако́й земской де́ятельности нет, – заговорил он, как будто кто-то сейчас оби́дел его́, – с одной стороны́, игрушка, играют в парла́мент, а я ни доста́точно мо́лод, ни достаточно стар, чтобы забавляться игрушками.

2.9. Default Stress in Participles

Since participles are often encountered in reading, it is useful to know how to predict stress in these forms. You already know the basic rules for default stress in verbs. Here we will review active participles and past passive participles.

Past active participles have default stress (or root stress) as in **the infinitive**.

чита́ть	чита́вший	(default)
говори́ть	говори́вший	(default)
писа́ть	писа́вший	(default)
шуме́ть	шуме́вший	(default)
чи́стить	чи́стивший	(root)

Present active participles have the compound suffix **-ающ-** / **-ующ-** (1st conj) or the suffix **-ящ-** (2nd conj). They have default verb stress except rarely the verb has root stress:

получа́ю (default)	получа́ющий (default)
сове́туют (root)	сове́тующий (root)
ве́рят (root)	ве́рящий (root)

благодаря́т (default)	благодаря́щий (default)
говоря́т (default)	говоря́щий (default)

Even 2nd conj verbs with shifting stress in the present tense (see Chapter 3) normally have default stress in the present active participle:

ношу́, но́сят	нося́щий
смотрю́, смо́трят	смотря́щий
прошу́, про́сят	прося́щий

There are five exceptions:

люблю́, лю́бят	лю́бящий
ценю́, це́нят	це́нящий
служу́, слу́жат	слу́жащий
пишу́, пи́шут	пи́шущий
ищу́, и́щут	и́щущий

These latter should simply be memorized as having odd stress in the PrAP.

The **past passive participle** is essentially the marriage of a verbal root with a suffix (**-анн-**, **-енн-**, or **-т-**) followed by adjective endings. Like other verb forms, it takes default stress. Like adjectives, it can have a long or short form. We will discuss short form ppp's later. Stress in the ppp long form is always on the stem, never on the ending and is constant throughout the sg and pl declension. The only question, then, is which vowel of the stem does stress fall on.

In **1st conj verbs**, the ppp suffix is unstressable, i.e. stress falls on the first vowel to the left of the suffix, unless the verb has root stress, in which case stress falls on the root as in the infinitive.

Ppp suffix

-т-	разверну́ть	развёрнутый
	подчеркну́ть	подчёркнутый
	тяну́ть	тя́нутый
	забы́ть	забы́тый
	взять	взя́тый

-анн-	прочита́ть	прочи́танный
	написа́ть	напи́санный
	убра́ть	у́бранный
	доказа́ть	дока́занный
	назва́ть	на́званный

The ppp suffix **-ённ-** (stressed) is added to verbal roots ending in a consonant and that otherwise have no suffix:

унести́	унесённый	унес-
сбере́чь	сбережённый	сбереж-
довести́	доведённый	довед-

The ppp of **2nd conj verbs** is always formed with the suffix **-енн-** (**-ённ-** when stressed). Words with root stress copy the stress of the infinitive. In most other verbs, the past passive has default stress.

Root stress	поста́вить	поста́вленный
	пригото́вить	пригото́вленный
	изме́рить	изме́ренный
Default stress	определи́ть	определённый
	победи́ть	побеждённый
	сотвори́ть	сотворённый
	включи́ть	включённый

In addition, there is a significant number of 2nd conj verbs where the suffix is not stressed, instead stress falls to the left of the suffix:

Shifting stress	купи́ть	ку́пленный
	заложи́ть	зало́женный
	возлюби́ть	возлю́бленный

Verbs with shifting stress in the ppp also have shifting stress in the present tense, thus, *куплю́*, *ку́пишь*. We will discuss the shifting stress pattern in all its glory in Chapter 3. For now, however, it is important to note that, oddly enough, the stress of past passives can really help the student learn or remember the stress of many 2nd conj verbs. As indicated above, verbs that have default stress in the ppp, i.e. that have **-ённый**, also have default stress in the present tense. The stressed suffix **-ённ-** really stands out with its stressed **-ё-** and so, if you see or hear a past passive with this stressed suffix, you can be sure you are dealing with one of about 3,000 2nd conj verbs that have default stress. For example, if you know определённый, you can be sure the present tense goes *определю́*, *определи́шь*.

Practice

39

1. Read the following words out loud.

броса́ю, броса́ют	бросающий
визжу́, визжа́т	визжащий
задаю́, задаю́т	задающий
пишу́, пи́шут	пишущий
кричу́, крича́т	кричащий
ла́ю, ла́ют	лающий
люби́ть	любивший
приве́тствовать	приветствовавший
научи́ть	научивший
трясти́	трясший

40

2. Read the following words out loud.

запишу́, ́-ешь	записанный
возьму́, -ёшь	взятый
бро́шу, -сишь	брошенный
ко́нчу, -ишь	конченный
обращу́, -ти́шь	обращённый
сообщу́, сообщи́шь	сообщённый
затащу́, зата́щишь	затащенный
включу́, включи́шь	включённый
вы́ключу, вы́ключишь	выключенный
огра́блю, огра́бишь	ограбленный

3. Analysis. Predict the stress of the following participles, based on the information given. 41

улыба́ться	улыбающийся
предстоя́ть	предстоящий
умоля́ть	умоляющий
поднима́ться	поднимающийся
класть (кладу́, кладёшь)	кладущий
обтяну́ть	обтянутый
хрипеть (хриплю́, хрипи́шь)	хрипящий
уезжа́ть	уезжавший
получу́, полу́чишь	полученный

4. Read the following sentences from *Anna Karenina* out loud until you can read them without hesitation. 42

1. Свияжский поглядел улыбающимися глазами на Левина и даже сделал ему чуть заметный насмешливый знак.

2. Она чувствовала, что боится его и боится предстоящего свидания.

3. Всё это знал Ле́вин, и ему́ мучительно больно было смотреть на этот умоляющий, полный надежды взгляд и на эту исхудалую кисть руки́, с трудо́м поднимающуюся и кладущую крестное зна́мение на туго обтянутый лоб, на э́ти выдающиеся плечи и хрипящую пусту́ю грудь, которые уже не могли́ вместить в себе́ той жизни, о кото́рой больно́й просил.

4. Уезжавшие переговаривались о последней новости дня, вновь полученных наградах и перемещении важных служащих.

Chapter 3

3.1. Exceptions

The default stress rule describes the location of stress in most Russian words. We have seen that in these words stress is consistent throughout. We will now discuss words where default stress is found in none or only some forms of a word's paradigm. These words are exceptional in that they do not have consistent stress throughout. However, stress is not random in these words; they do have clear and easily definable patterns that can help the student know where to expect stress. In addition, certain generalities can be given for most which allow for easy classification.

The two main deviations from default stress are end stress and shifting stress. End stress is characterized by stress falling consistently on the endings of words, while shifting stress has several patterns, depending on the grammatical category.

3.2. End Stress in Nouns

In nouns and adjectives the end stress pattern is characterized by stress falling on **the ending** of a word, or, if no ending is present, on the last syllable of the word.

Sg *рыба́к, а́*

Pl *рыбаки́*

	Sg		Pl	
Nom	чужо́й	враг	чужи́е	враги́
Acc	чужо́го	врага́	чужи́х	враго́в
Gen	чужо́го	врага́	чужи́х	враго́в
Prp	чужо́м	враге́	чужи́х	врага́х
Dat	чужо́му	врагу́	чужи́м	врага́м
Instr	чужи́м	врагом́	чужи́ми	врага́ми

Though stress is consistent in these words, they clearly do not reflect default stress. We have seen that there are some root stressed words, which simply always have stress on the root in defiance of the default stress rule. Here, we see the opposite situation: these words appear to have **unstressable** roots. In words with unstressable roots, stress falls just to the right of the root, i.e., on the ending.

Dictionaries indicate end stress in nouns by showing the genitive singular ending with stress.

раб, -а́ плод, -а́ зонт, -а́
гриб, -а́ труд, -а́ щит, -а́
враг, -а́ двор, -а́ меч, -а́

We assume the roots in these words are unstressable. As the reader may have noticed, end stress is a characteristic of monosyllabic masculine nouns. End stress only rarely occurs with foreign words, or feminine, or neuter nouns. This is a handy generalization to be aware of, but it should be used with caution. Many monosyllabic masc nouns have default stress: *звук*, *взгляд*, *воск*, *гнев*. The point is, if you encounter a monosyllabic masc noun that is Russian (not borrowed), be aware that there is a good chance it has end stress. Appendix 4 lists the most common monosyllabic end stress nouns in Russian.

Some multisyllabic masc nouns also appear to be unstressable. As expected, they have end stress.

сапо́г, -а́ четве́рг, -а́ утю́г, -а́
паде́ж, -а́ паук, -а́ язы́к, -а́
живо́т, -а́ янва́рь, -я́* кора́бль, -я́

As with monosyllabic masculine, it is good to be wary when dealing with simple (non-suffixed) masc nouns that have stress on the stem final syllable in the nominative. They may be end stressed. See Appendix 5 for a list of the most important multisyllabic end stressed nouns.

By far and away the most common end stress nouns, however, (about 80% of all end stress nouns) are suffixed:

-ак, *-як*, *-арь*, *-ач*, *-ок*, *-ун*, *-ец*, *-овик*, *-евик*, *-овщик*.

---

* Months ending in **-рь** have end stress.

Recall that most suffixed words have stress to the left of the suffix. The suffixes listed here, therefore, must be exceptional. Words with these suffixes are extremely likely to have end stress:

дура́к	кула́к	моря́к	пустя́к
секрета́рь	слова́рь	цвето́к	городо́к
лгун	ворчу́н	дворе́ц	коне́ц

The main thing to remember here is that if a masc noun has **stress on the suffix** in the nom sg, then expect end stress. The suffix **-ец** is a real hybrid. Words with monosyllabic roots have end stress, e.g., *дворе́ц*, *коне́ц*, *оте́ц*, *кузне́ц*, *купе́ц*, etc. In words with multisyllabic roots, we find default stress, e.g., *америка́нец*, *иностра́нец*, *коло́дец*, *земледе́лец* (see Appendix 6 for a few exceptions).

Summing up, end stress in nouns is found among monosyllabic masc nouns and is likely when one of the suffixes listed above is present.

The same principles that account for end stress in nouns apply in end stressed adjectives. About 1,200 adjectives have end stress. A few examples:

живо́й	речево́й	земляно́й	золото́й
голубо́й	курсово́й	второ́й	большо́й
пылево́й	прикладно́й	родно́й	дорого́й

How can these be differentiated from default stress adjectives? Obviously, if the nom sg is written **-ой** (instead of **-ый** or **-ий**), then this is a predictor of final stress. If the adjective appears in a case other than the nom sg masc, however, it may be difficult to be certain whether the adjective has default or end stress:

лживая 'false', живая 'lively'.

The first word has default stress. The second word has the root **жив-** and has end stress.

We saw above that some nouns (*враг*, *-á*; *рыба́к*, *-á*) are unstressable and so have end stress. The same is true for adjectives. Recall that nouns with the suffix **-ец** have end stress when the root is monosyllabic (*оте́ц*, *коне́ц*) but default stress when the root is multisyllabic (*иностра́нец*, *америка́нец*). We see something similar with the adjective suffix **-ов-** (**-овый**, **-овой**).

If the root is multisyllabic or foreign, expect default stress. If the root is monosyllabic expect end stress – just like the suffix **-ец**.

Default	**End**
берёзовый (multi)	боково́й (mono)
га́зовый (borrowed)	годово́й (mono)
кори́чневый (multi)	делово́й (mono)
одина́ковый (multi)	мирово́й (mono)
ква́рцевый (borrowed)	боево́й (mono)

This complication need not bother us too much: there are so few high frequency words in this category, that it may simply be best to learn those with final stress as they are encountered (or, encounter the high frequency ones all at once in Appendix 7).

The suffix **-н-** is found in thousands of adjectives. Stress almost always precedes this suffix:

бе́дный	бле́дный	восто́чный
безуда́рный	ва́жный	замеча́тельный
сне́жный	возду́шный	о́пытный

As indicated by замеча́тельный, the suffix **-н-** can be part of a compound suffix (here, **-тель-н-**) preceded by stress. And as the last example above shows, this suffix is also found in adjectives with root stress. Unfortunately, there are a few end stress adjectives with this suffix. About two dozen of them are high frequency, such as *больно́й*, *остально́й*, *цветно́й*. (See Appendix 8 for a complete list.) Finally, there are a few short form adjectives with end stress:

смешно́й, смешо́н, смешна́, -о́, -ы́

хмельно́й, хмелён, хмельна́, -о́, -ы́

большо́й, вели́к, -а́, -о́, -и́

but thousands of short form ppp with end stress. If the ppp long form has stress on the suffix, **-ённ-**, then the corresponding short form has end stress:

включи́ть	включённый	включён, а́, о́, ы́
закрепи́ть	закреплённый	закреплён, а́, о́, ы́
запрети́ть	запрещённый	запрещён, а́, о́, ы́
измени́ть	изменённый	изменён, а́, о́, ы́

Otherwise, stress falls on the stem:

почи́стить	почи́щенный	почи́щен, а, о, ы́
схвати́ть	схва́ченный	схва́чен, а, о, ы́
устро́ить	устро́енный	устро́ен, а, о, ы

Practice

43

1. Determine stress by looking at the ending. Read each word out loud.

колхозный	минеральный	абсолютный
ночной	однокоренной	взрослый
народный	паровой	передовой
областной	молекулярный	тепловой

44

2. Read the following sentences until you can read them smoothly. Check the stress and meaning of any word that you aren't sure of.

1. В Польше густой туман парализует работу крупнейших аэропо́ртов.

2. Хочу густые волосы!

3. Мировой финансовый кризис.

4. Международный центр деловых контактов.

5. Паста как основной компонент итальянской кухни.

6. Краткий обзор основных характеристик современных сканеров.

7. «Мировой футбол» – электронная версия спортивного ежемесячного журнала.

8. Обзор мирового рынка.

9. Они обвиняют остальной мир в экологических проблемах.

10. Азиаты любят телевидение меньше, чем остальной мир.

45

3. Read the following words out loud.

Sg	Nom	рыба́к	костёр	кружо́к
	Gen	рыбака	костра	кружка
	Prp	рыбаке	костре	кружке

Pl	Nom	рыбаки	костры	кружки
	Gen	рыбаков	костров	кружков
	Prp	рыбаках	кострах	кружках

4. Indicate which of the following words are likely candidates for end stress. If not, indicate why not. 46

исслéдование	кипятóк	проводни́к
газéта	окнó	фонáрь
письмó	парк	декáбрь
женá	аттестáт	учени́к
кусóк	буди́льник	высотá

5. Read the following sentences out loud until you can read them smoothly. Check the stress and meaning of any word you aren't sure of. 47

1. Мы называли его чужаком.
2. С 1ого декабря повышаются цены.
3. Мы взорвали все их космические корабли́, и отпрáвили чужаков на их планеты.
4. Продают билеты на Московский конкурс скрипачей.
5. Литр бензина подорожает до 30 рублей.
6. Сколько это стоит в рублях?
7. Сможем ли мы выезжать за границу с рублями?
8. Он родился 1ого ноября.
9. Кого вы считаете самым лучшим скрипачом?
10. Доброта спасёт мир.

6. Given that words with the suffixes *-ак*, *-ок*, and *-ец* are likely to have end stress, read the following paradigms out loud. 48

кулак	кулака	кулаке	кулаки	кулаками
чудак	чудака	чудаком	чудаки	чудаков
дурак	дурака	дураком	дураки	дураков
пустяк	пустяка	пустяком	пустяки	пустяков
каток	катка	катком	катки	катков
купец	купца	купцом	купцы	купцов

49

7. Read the following sentences from *Anna Karenina* out loud. Repeat until you feel comfortable with them.

1. Таня держала Гришу за́ волосы, а он, с изуро́дованным злобой лицом, бил её кулаками куда попало.

2. Это о́чень хорошо быть чудаком и и́скренним человеком и не любить фальшь.

3. Ужасно люблю сде́лать его́ дураком пред Кити, и сде́лаю. (пред = перед)

4. Ле́вин всё ме́длил у него́ в ко́мнате, говоря о разных пустяках и не бу́дучи в силах спросить, что хотел.

5. Он шёл по дорожке к катку и говорил себе: «Надо не волноваться, надо успоко́иться. О чём ты? Чего́ ты? Молчи, глупое», – обращался он к своему́ сердцу.

6. Я просто не считаю его́ более бесчестным, чем кого́ бы то ни было из богатых купцов и дворян.

50

8. Based on the stress given, decide what is the stress of the corresponding short form past passives.

перепо́лню, перепо́лнишь	переполнен, переполнена, переполнены
приглашу́, пригласи́шь	приглашён, приглашена, приглашены
приведу́, приведёшь	приведён, приведена, приведены
уси́лю, уси́лишь	усилен, усилена, усилены
назна́чу, назна́чишь	назначен, назначена, назначены
определю́, определи́шь	определён, определена, определены
изучу́, изу́чишь	изучен, изучена, изучены
издержу́, изде́ржишь	издержан, издержана, издержаны

51

9. Read the following excerpts from *Anna Karenina* out loud. Check your pronunciation with that on the CD.

1. Она тяжело́ дышала, не глядя на него́. Она́ испытывала восторг. Душа́ её была́ переполнена счастьем. Она́ никак не ожидала, что высказанная любовь его́ произведёт на неё такое сильное впечатление. Но это продолжалось только одно́ мгновение.

2. Даже не было надежды, чтоб её пригласили, и́менно потому, что она́ имела слишком большой успех в свете, никому́ в го́лову не могло́ прийти, чтоб она́ не была́ приглашена до сих пор.

3. ...Туда вчерá должнá былá быть приведена егó лóшадь.

4. Боль эта былá усилена ещё тем странным чувством физической жалости к ней, которую произвели на негó её слёзы.

5. «Все возможные отношения к рабочей силе определены и изучены», – сказал он.

6. Деньги от купца за лес были получены и ещё не издержаны. (издержаны = потрачены)

3.3. End Stress in Verbs

Recall that default stress in verbs is on the stem final vowel, or **if no suffix is present**, stress falls on the first vowel after the root, just as if there were a suffix present. This accounts for all the occurrences of stress in verbs, including verbs that are traditionally said to have "end stress".

нес-тú	пé-чь	давá-ть
нес-ý	пек-ý	да-ю́
нес-ёшь	печ-ёшь	да-ёшь
нёс	пёк	давá-л
нес-лá	пек-лá	давá-ла
нес-лú	пек-лú	давá-ли

The first two verbs above are usually described as having end stress since stress falls on the ending in all forms of these verbs. Note, however, that these verbs also have no suffix. Consequently, what looks like end stress is really default verb stress: stress falls on the first vowel after the root, i.e. where the stress would fall if a suffix were present.

As indicated by the third verb above, давать, a small but important group of verbs has a suffix in the past tense (with default stress) and no suffix in the present tense (with default stress). Accordingly, stress falls on the suffix in the past tense and on the ending in the present tense:

Suffix (default stress)	**No suffix (default stress)**
давáть	да-ю́, да-ёшь
давáл, -а, -о, -и	

встава́ть — вста-ю́, вста-ёшь
встава́л, -а, -о, -и

смея́ться — сме-ю́сь, сме-ёшься
смея́лся, -ась, -ось, -ись

посла́ть — пошл-ю́, пошл-ёшь
посла́л, -а, -о, -и

In terms of stress, these verbs are just like second conjugation verbs with default stress: *говори́-ть*, *говор-ю́*, *говор-и́шь*, *лете́ть*, *леч-у́*, *лет-и́шь*.

Many verbs in **-нуть** also follow the default stress rule:

отдохну́-ть — отдохн-у́, отдохн-ёшь
отдохну́-л, -а, -о, -и

засну́-ть — засн-у́, засн-ёшь
засну́-л, -а, -о, -и

верну́-ть — верн-у́, верн-ёшь
верну́-л, -а, -о, -и

In summary, the default stress rule describes the stress patterns observed in nearly all verbs as well in most nouns and adjectives. End stress in the short form ppp in **-ен-** is similar to masc nouns that have a stressable suffix in the nom sg, in which instance stress falls on endings. Compare *рыба́к, -а́* with *убеждён, -а́*.

Practice

1. For the following partial dictionary entries, indicate what stress pattern the verb has: root stress, default stress, or mixed.

пл|ева́ть -юю́, -юёшь — рабо́та|ть -ю, -ешь
дикт|ова́ть -у́ю, -у́ешь — нес|ти́ -у́, -ёшь, **past** нёс, -ла́

доминúр|овать -ую, -уешь
вы́глян|уть -у, -ешь
всу́н|уть -у, -ешь
погáсн|уть -у, -ешь, past погáс, -ла
вез|тú -ý -ёшь, past вёз, везлá
вста|вáть -ю́, -ёшь
реш|úть -ý, -úшь
да|вáть -ю́, -ёшь

печáта|ть -ю, -ешь
отдохн|ýть -ý, -ёшь
стри|чь -гý,-жёшь, past стриг, -ла
тá|ять -ю, -ешь
понять поймý, поймёшь, понял, -ла
взять возьмý, возьмёшь, взял, -á
крич|áть -ý, -úшь
спас|тú -ý, -ёшь

2. Read the following text out loud. For words whose stress you are unsure of, use the principles discussed so far to predict the proper stress. Stress is given for words that do not have default stress. Read the text several times until you can read it smoothly.

53

Синоптики обычно сообщают прогноз погоды мáксимум на неделю вперёд. Британские и японские метеорологи решили не мелочиться: предсказывать – так на годы. Уже в áвгусте в Странé восходящего солнца начинается эксперимент по прогнозированию погодных условий на нашей планете на сверхбольшúе сроки – до 30 лет.

3.4. Shifting Stress in Nouns

Words with shifting stress are probably most responsible for Russian's bad reputation for stress: there are several patterns of shifting stress, depending on whether the word is a noun, verb or adjective. They all have one thing in common: stress is on the ending in at least **one** form of the word. Though shifting stress is found among Russian's most frequently used words, they are limited in number. In addition, as we will see, words with a shifting pattern often contain a hint about their stress pattern.

Shifting stress occurs in all genders of nouns. Suffixes usually do not play a role in shifting stress.

Masc	Sg	*гóрод*	[ ]	[ ]
	Pl	*городá*	[⋮]	[´]

Fem and Neut	Sg	*письмо́*		´
	Pl	*пи́сьма*	´	

In masc nouns, the shifting stress pattern is characterized by stress on the **first vowel** of the stem in the sg, on the ending in the pl. Examples:

	Sg	**Pl**	**Sg**	**Pl**
Nom	го́род	города́	о́стров	острова́
Acc	го́род	города́	о́стров	острова́
Gen	го́рода	городо́в	о́строва	острово́в
Prp	го́роде	города́х	о́строве	острова́х
Dat	го́роду	города́м	о́строву	острова́м
Instr	го́родом	города́ми	о́стровом	острова́ми

As suggested in these examples, if a masc noun takes the nom pl ending **-а/-я**, then this indicates that the noun has this shifting stress pattern, i.e. **initial** stress in the singular and end stress in the plural. (The word *учи́тель*, nom pl *учителя́* and a few foreign words ending in **-ор**, e.g., *профе́ссор*, nom pl *профессора́* are exceptional in that they do not have initial stress in the sg.) A handful of monosyllabic masc nouns with this pattern still take the nom pl in **-ы/-и**): *дар*, nom pl *дары́*; *мозг*, nom pl *мозги́*.

A few neuter nouns have this shifting pattern: *сло́во*, *по́ле*, *мо́ре*, *пра́во*, *ста́до*, *де́ло*, *те́ло*, *ме́сто* and the **-мя** nouns (*вре́мя*, etc.). Like their masc counterparts the nom sg is initially stressed (see also *кру́жево*, *о́блако*, *зе́ркало*) and takes the nom pl **-а́** (or **-я́**).

The shifting pattern just discussed is exactly opposite in fem and neut nouns. Nouns with stress on the ending in the sg have stress on the stem final syllable in the plural.

	Sg	**Pl**	**Sg**	**Pl**
Nom	страна́	стра́ны	лицо́	ли́ца́
Acc	страну́	стра́ны	лицо́	ли́ца
Gen	страны́	стран	лица́	лиц
Prp	стране́	стра́нах	лице́	ли́цах
Dat	стране́	стра́нам	лицу́	ли́цам
Instr	страно́й	стра́нами	лицо́м	ли́цами

Recall that fem and neut nouns rarely have end stress. So if a fem or neut noun has stress on the ending in the nom (or other form of the sg), then it most likely has this shifting pattern. We can be sure stress is on the **final** stem vowel of these nouns in the pl by referring to words such as *стрекозá* 'dragon-fly' and *скорлупá* 'peel' (nom pl: *стрекóзы*, *скорлýпы*).

Before moving on to adjectives and verbs, we must review one important deviation in the shifting patterns of nouns. There are a number of high frequency nouns that have initial stress in the nom and end stress in the pl (as in masc shifting stress pattern illustrated above), except in the nom pl, which continues to have initial stress! This pattern is found in all genders:

	Masc		**Fem**		**Neut**	
	Sg	**Pl**	**Sg**	**Pl**	**Sg**	**Pl**
Nom	зуб	зýбы	двéрь	двéри	ýхо	ýши
Acc	зуб	зýбы	двéрь	двéри	ýхо	ýши
Gen	зýба	зубóв	двéри	дверéй	ýха	ушéй
Prep	зýбе	зубáх	двéри	дверя́х	ýхе	ушáх
Dat	зýбу	зубáм	двéри	дверя́м	ýху	ушáм
Instr	зýбом	зубáми	двéрью	дверя́ми	ýхом	ушáми

We can be sure that stress in these words is on the **initial** syllable in each instance by referring to words such as *вóлос*, nom pl *вóлосы*; *лóшадь*, nom pl *лóшади*. Moreover, there are a few words with final stress throughout the sg and pl except the nom pl which has root stress, e.g., *слезá*, *слезы́*, *слезóй*; nom pl *слёзы*, prp pl *слезáх*, etc. Appendix 9 contains a list of eleven of these oddballs.

Practice

1. Which of the words in the following partial dictionary entries have default stress, which have end stress, and which a shifting pattern? 54

детáл|ь -и

мáт|ь -ери pl -́и, gen pl -éй

стéпен|ь -и, gen pl -éй

волк -́а, pl -́и, gen pl -óв

двер|ь -́и, pl -́и, gen pl -éй

труд -á

вóлос -а, gen pl волóс, -áх

власт|ь -и, pl -и, gen pl -éй

кни́г|а -и

мéлоч|ь -и, gen pl -éй

че́реп -а, pl -а́

язы́к -а́

у́х|о -а, pl у́ши, -е́й

сто́рож -а, pl -а́

55

2. Partial dictionary entries are given above for the marked words below. Read the sentences out loud until you can read them smoothly.

1. Игорь бараба́нил в **дверь**, пока́ её не открыли.
2. Я не знала свою́ биологическую **мать**.
3. **Двери** открываются наружу.
4. Учёные всех стран собрались на конференцию.
5. У нас пока́ нет доста́точно власти, чтобы выполнить эту задачу.
6. Её длинные **волосы** понравились всем.
7. Они долго рабо́тали за закрытыми **дверями**.
8. Законные **власти** спра́вятся с этим делом.
9. Я го́лоден как **волк**.
10. Эти дети похожи на своих **матерей**.
11. На преступника донесли **властям**, и теперь он нахо́дится под наблюдением.
12. Они развели костёр, чтобы отогнать **волков**.
13. Не тяни меня за **волосы**!
14. **Волки** быстро окружили нас.
15. Вы ви́дите человека с рыжими **волосами**?

56

3. Read the following sentences aloud until you read them smoothly. Check the stress of any word you aren't sure of.

1. Он работает ночным сторожем.
2. Они встали поближе к сторожу.
3. Это поколение дворников и сторожей.
4. Канарские острова приглашают туристов.
5. Отдых на островах особенно популярен в этом сезоне.
6. Новости Дальнего Востока, Сахалина и Курильских островов.
7. Информация о здоровом образе жизни доступна на многих сайтах.

4. Analysis. The following all have shifting stress. What is the stress of the words in the second column? 57

ма́стер	мастеров
слуга́	слуги (pl)
ло́шадь	ло́шади, лошадей
крыло́	крылья
долг	долги
ве́чер	вечера (pl)
сестра́	сёстры (pl)
семья́	семьи (pl)

5. Read the following excerpts from *Anna Karenina* aloud until you could read smoothly without hesitation. 58

1. У них... был тренер англичанин, мастер своего дела, но пьяница.

2. Ещё она́ не вышла, как с поздравлениями пришли́ слуги.

3. Она вспомнила, как давно, давно, когда ей было ещё семнадцать лет, она ездила с тёткой к Троице. «На лошадях ещё. Неужели это была я, с красными руками?»

4. У него были долги.

5. Княгиня ви́дела, что Кити читает по вечерам французское Ева́нгелие, которое ей подарила госпожа́ Шталь, чего́ она́ прежде не де́лала.

6. Обед трёх сестёр удался бы очень весело, но потом его ждали, ждали, всем стало скучно, сёстры разъе́хались, и она осталась одна.

7. Все счастливые семьи похожи друг на друга, каждая несчастливая семья́ несчастлива по-своему.

3.5. Shifting Stress in the Past Tense, PPP, and Short Form Adjectives

While the categories "past tense" and "adjectives" may not seem to go together, we find that short form adjectives act like verbs: *Она больна. Она умна.* No other words in these sentences act as overt verbs. And more important for out purposes, short form of ppp and adjectives share the same gender/number endings: no ending (masc), **-a** (fem), **-o** (neut), **-ы** in adjectives, **-и** in verbs (pl). Examples:

мокр, *мокрá*, *мóкро*, *мóкры*;
ждал, *ждалá*, *ждáло*, *ждáли*.

The pattern illustrated above, where stress falls on the feminine ending **-á**, as opposed to being on the stem, characterizes the shifting pattern for the past tense and adjectives.

This pattern occurs in the past tense of a few high frequency 1st conj verbs: *быть*, *жить*, *плыть*, *дать*. A small group of verbs, whose roots do not have vowel, also has this pattern:

звать, звал, звалá, звáло	root: зв-	
рвать, рвал, рвалá, рвáло	рв-	
брать, брал, бралá, брáло	бр-	
начáть, нáчал, началá, нáчало	-ч-	(**на-** is a prefix)
пить, пил, пилá, пúло	-п-	
умерéть, ýмер, умерлá, ýмерло	-мр-	(cf. *умрý*, *умрёшь*)
спать, спал, спалá, спáло	-сп-	
гнать, гнал, гналá, гнáло	-гн-	

Of course, perfective verbs with these roots also have the shifting pattern (*назвáть*, *убрáть*, etc.), as do the **-нять** verbs, such as *поня́ть*, *снять*. See Appendix 10 for a complete list of high frequency verbs with shifting stress in the past tense.

The shifting pattern in the ppp (short form) occurs, for the most part, with verbs that exhibit this pattern in the past tense:

снять	снял, снялá, сня́ло	снят, снятá, сня́то
начáть	нáчал, началá, нáчало	нáчат, начатá, нáчато
заперéть	зáпер, заперлá, зáперло	зáперт, запертá, зáперто

We find the same stressed feminine ending **-á** in most monosyllabic short form adjectives with the suffix **-н-**:

я́сный	я́сен, яснá, я́сно
шýмный	шýмен, шумнá, шýмно
чéстный	чéстен, честнá, чéстно
ýмный	умён, умнá, ýмно
трýдный	трýден, труднá, трýдно

and many others. This pattern is the rule for short form adjectives in **-н-**. In addition, there are a number of very high frequency adjectives that have this shifting pattern in the short form, even though they don't have the suffix **-н-**: *стрóгий*, *рéдкий*, *нóвый*, *твёрдый*. See Appendix 11 for a complete list of these important adjectives.

Summing up: short form adjectives with the suffix **-н-** normally have shifting stress: stress is on the stem final syllable except for the fem, where stress is on the ending. The past tense of verbs whose root does not contain a vowel has this same shifting pattern.

Practice

1. Read the following forms out loud. Note which stress pattern each verb has: default or shifting. 59

белéть, белéю	белéл, белéла, белéли
беспокóить, беспокóю	беспокóил, беспокóила, беспокóили
купáться, купáюсь	купáлся, купáлась, купáлись
врать, вру	врал, вралá, врáли
вести, ведý	вёл, велá, велú
бить, бью	бил, бúла, бúли
идтú, иду	шёл, шла, шли
терять, теряю	терял, теряла, теряли
вернýть, вернý	вернýл, вернýла, вернýли
быть, бýду	был, былá, бы́ли

2. Read the following out loud. Note which ppp's have default, end, or the shifting pattern. Check in a dictionary if you are not sure of your answer. 60

закрытый	закрыт, -а, -о, -ы	объединённый	объединён, -а, -о, -ы
брошенный	брошен, -а, -о, -ы	объя́вленный	объявлен, -а, -о, -ы
взятый	взят, -а, -о, -ы	исключённый	исключён, -а, -о, -ы
оторванный	оторван, -а, -о, -ы	взведённый	взведён, -а, -о, -ы
принятый	принят, -а, -о, -ы	испýганный	испуган, -а, -о, -ы

3. Which of the following words are likely to have shifting stress? What characteristic makes the shifting pattern likely or unlikely? 61

до́ктор	строи́тель	стена́	сло́во
лицо́	стол	систе́ма	ме́сто
дверь	ноя́брь	волна́	удо́бный
кварти́ра	слова́рь	дочь	ве́рный
медве́дь	го́род	це́рковь	ску́чный

62

4. Read the following sentences out loud until you can do so smoothly. Check all stresses you are unsure of.

1. В наличии всегда есть строительные гвозд.

2. Это заметно только на низких скоростях.

3. Церковь была построена без единого гвоздя.

4. Перед мытьем сле́дует расчесать волосы.

5. В Москве введено новое ограничение скорости движения.

6. Необходимо было укрепить гвоздями старый ящик.

7. Эта уникальная технология позволяет удлинить волосы до 70 см.

8. Что можно сделать с тонкими, ломкими и просто некрасивыми волосами?

9. Средства по уходу за телом и волосами очень популярны.

10. Почему скорость света обозначается буквой *c*?

63

5. Analysis. Read the following aloud. Note that words with monosyllabic roots have shifting stress.

бедный	беден, бедна, бедны
пошлый	пошл, пошла, пошлы
старый	стар, стара, стары
пёстрый	пёстр, пестра, пестры*
благодарный	благодарен, благодарна, благодарны
строгий	строг, строга, строги*
бледный	бледен, бледна, бледны*
видный	виден, видна, видны
возвышенный	возвышен, возвышенна, возвышенны
тро́гательный	трогателен, трогательна, трогательны
нежный	нежен, нежна, нежны*

* В этих случаях возможны два ударения: *пёстры – пестры́*, *стро́ги – строги́*, *бле́дны – бледны́*, *не́жны – нежны́*.

6. Read the following excerpts from *Anna Karenina* aloud. Repeat until you can read them without pausing. 64

1. Всё это было пошло, бедно и старо и даже дурно написано – пестро и слабо.

2. Она благодарна была отцу за то, что он ничего́ не сказал ей о встрече с Вронским.

3. Лицо Лизаветы Петровны было строго и бледно и всё так же решительно.

4. «Да, вот он перестал теперь притворяться, и видна вся его холодная не́нависть ко мне», – подумала она, не слушая его слов...

5. Но как ни возвышен был хара́ктер мадам Шталь, как ни трогательна вся её история, как ни возвышенна и нежна её речь, Кити невольно подме́тила в ней таки́е черты́, которые смущали её.

7. Read the following text from *Itogi* (2006. May 15) out loud. Verify in a dictionary the meaning and stress of words that you are not sure of. Read the text out loud until you can read it smoothly. 65

В Германии объявилась банда Ро́бин Гудов. Благородные разбойники нашего времени гра́бят фешене́бельные рестораны, а потом, как утверждают в своих интернет-посланиях, раздают еду малоимущим. Налетчики в костюмах супергероев уже́ посетили не́сколько дорогих заведений Га́мбурга. Каждый раз они набивали мешки едой, прихватывали и дорогое шампанское. При этом рабо́тать бандиты старались максимально галантно. В один из рейдов они даже преподнесли кассиру букет цвето́в с запиской: «Без нас обычным лю́дям было бы невозможно выжить в городе миллионеров». Во время ещё одной акции грабитель держал в рука́х плакат с на́дписью: «Время толстяков прошло». Современные Робин Гуды не ограничиваются одни́ми только ресторанами: они подделывают для малоимущих билеты в кино и выпускают учебную литературу о том, как гра́мотно обмануть контролёров. Полиция и́щет грабителей. Пока́ известно лишь то, что в банде о́коло 30 человек.

3.6. Shifting Stress in the Present Tense of Verbs

We conclude our overview of the main deviations from default stress with a discussion of the infamous shifting stress pattern in the present tense of verbs. This pattern occurs in about 70 1st conj verbs (and their perfective partners) and about 500 2nd conj verbs (and their perfective partners). In short, this is an important stress pattern among verbs.

The pattern in verbs is characterized by stress on the ending in the **я** form of the present tense, but on the stem final vowel in the rest of the present tense:

писáть	сказáть	носúть	смотрéть
пишý	скажý	ношý	смóтришь
пúшешь	**скáжешь**	**нóсишь**	**смóтрит**
пúшет	**скáжет**	**нóсит**	**смóтрим**
пúшем	**скáжем**	**нóсим**	**скýчный**
пúшете	**скáжете**	**нóсите**	**смóтрите**
пишут	**скáжут**	**нóсят**	**смóтрят**

Only verbs that have stress on the suffix in the infinitive are candidates for this pattern. Thus, verbs with root stress, such as *дýмать* and *чúстить*, do not have this pattern.

1st conj verbs that have a **mutation** in the present tense are likely to have this stress pattern. The first two examples in the list above exhibit the mutation **с–ш**, **з–ж**. Appendix 12 contains a list of high frequency 1st conj verbs that have this pattern.

A few 1st conj verbs have shifting stress, but no mutation: *тонýть*, *тянýть*, *обманýть*, *заглянýть*.

As indicated, a good number of 2nd conj verbs have this pattern. Unfortunately, it is often not possible to distinguish between 2nd conj verbs that have default stress and those that have shifting stress, since both are stressed on the suffix in the infinitive:

истощúть, *утащúть*

There is no way to determine which pattern these verbs belong to simply by looking at the infinitive: the first has default stress, the second shifting stress. The following guidelines account for about half of the 2nd conj verbs that have shifting stress:

a) 2nd conj verbs whose derived imperfective is formed with **-ива-**:

спроси́ть (спрошу́, спро́сишь)	спра́шивать
учи́ть (учу́, у́чишь)	разу́чивать
останови́ть (остановлю́, остано́вишь)	остана́вливать
смотре́ть (смотрю́, смо́тришь)	пересма́тривать
утащи́ть (утащу́, ута́щишь)	ута́скивать

b) 2nd conj verbs of "movement":

води́ть, *ходи́ть*, *носи́ть*, *броди́ть*, *вози́ть*, *ступи́ть*, *кати́ть*;

c) 2nd conj verbs of "putting", "dropping":

положи́ть, *грузи́ть*, *урони́ть*, *вали́ть*, *хорони́ть*;

d) 2nd conj verbs of "buying", "giving" and "receiving":

купи́ть, плати́ть, получи́ть, учи́ть, проси́ть, дари́ть;

These categories are not exclusive and should be used with caution. They simply provide a rough framework for many 2nd conj verbs with the shifting pattern, which otherwise simply must be memorized as they are encountered.

Most Russian words have default stress. This chapter has reviewed the main deviations from default. Most deviations can be categorized as having either shifting or end stress, so that, even among the irregulars, there are regular patterns which restrict the stress possibilities and can help the student know where to expect stress. Thaugh we have not covered all the irregularities, the principles of default stress and the important deviations from the default account for the stress of most words that you will encounter.

Practice

66 1. **Complete the following sentences with as many of the following verbs (in the present tense) as fit: *иска́ть*, *каза́ться*, *писа́ть*, *сказа́ть*, *шепта́ть*, *маха́ть*.**

1. Не́которые люди ____________ только богатства в жизни.

2. Философы всегда ____________ истину.

3. Вам ____________ , что это нормально?

4. На вокзале люди ____________ рукой своим любимым.

5. Они ____________ пальцами на стекле, чтобы сообщить свои мысли.

67 2. **Read the following text out loud. Be sure to check the stress of words you are not certain of.**

Ребенок у меня суперсамостоятельный: сам ест с полу́тора лет, ходит куда хочет*, упадет – не пла́чет и т.п. Кроме того́, о́чень умный, развито́й мальчик. Поэтому я не очень переживала из-за того́, что он не умеет сам одеваться: он настолько опережает сверстников по многим показателям, что ничего́ страшного нет, что что-то он де́лает хуже, ду́мала я. Тем более предполагала, что в саду́ научится*. Да и как было его приучать, если пе́ред каждой прогулкой приходилось гоняться за ним по всей квартире по полчаса́, а потом одевать его, выкручивающегося и кричащего.

В сад ходит уже год. Там его худо-бедно научили. НО! Во-первых, одевается медленно, во-вторых, непра́вильно: носки не выворачивает, шорты наде́нет так, как возьмёт, зад, перёд – всё едино, о́бувь...

По утра́м мы вечно опаздываем, поэтому одеваю я. Пыталась самого́ заста́вить, но он у́тром, как пра́вило, не в духе, да и в сад не рвётся, так что спокойно не бу́дет одеваться. Когда́ не торопимся*, тоже доходит до истерики, если пытаюсь попросить одеться самостоятельно. Раздевается, правда, сам. И вот воспитатели начали де́лать уже́ замечания: приучайте, учите, уже малыши́ сами одеваются, все одеваются, а он ждёт, когда́ его́ оде́нут и т.д... Что де́лать? Как помочь? Очень рассчитываю на реальные советы.

---

* Shifting.

🎧 3. Read the following text from *Itogi*. 68

Моравская галерея города* Брно планирует передать в дар России картину Ивана Крамско́го «Портрет крестьянина». Это небольшое полотно* размером 40 на 30 сантиметров художник написал в 1868 году́. Портрет интересен тем, что Крамской, рисуя бо́роду крестьянина, процарапывал изображение волос* обратной стороной* кисти – получилось очень реалистично. «Картина по праву принадлежит русскому народу», – заявил председатель правительства Чехии Иржи Пароубек, который и стал инициатором возвращения «Портрета крестьянина». Во время Великой Отечественной войны* оно́ было вывезено не́мцами из Советского Союза. В Моравскую галерею картина Крамского попала из частной коллекции.

🎧 4. Read the following excerpt from *Anna Karenina* out loud. 69

Появление Левина в начале зимы*, его частые посещения и явная любовь к Кити были поводом к первым серьёзным разговорам между родителями Кити о её будущности и к спорам между князем и княгинею. Князь был на стороне* Левина, говорил, что он ничего не желает лучшего для Кити. Княгиня же, со свойственною (=свойственной) женщинам привычкой обходить вопрос, говорила, что Кити слишком молода, что Левин ничем не показывает, что имеет серьёзные намерения, что Кити не имеет к нему привязанности, и другие доводы; но не говорила главного, того, что она ждёт лучшей партии для дочери*, и что Левин несимпатичен ей, и что она не понимает его.

---

* Shifting.

APPENDICES

High Frequency Exceptions to default stress

Appendix 1
High frequency nouns where stress is not to the left of the suffix

-(н)ик(а)	учени́к, мужи́к, дневни́к, ледни́к, проводни́к, мясни́к, воротни́к, стари́к, матери́к, тупи́к, цветни́к, выпускни́к, борови́к, грузови́к, рудни́к, клубни́ка, ежеви́ка, земляни́ка
-лог	генеало́г, минерало́г
-ец	холоде́ц, молоде́ц, образе́ц, огуре́ц, продаве́ц
-нин	граждани́н, семьяни́н, славяни́н, христиани́н
-нок	чесно́к
-(н)иц-а	певи́ца, табли́ца, столи́ца, грани́ца, части́ца, рукави́ца, едини́ца, продавщи́ца, цари́ца, ресни́ца, темни́ца, черепи́ца
-к-а	доска́
-ств-о	рождество́, вещество́, существо́, большинство́

Appendix 2
High frequency root stressed (native) nouns

по́двиг, са́хар, ме́сяц, ты́сяча, зо́лото, се́вер, у́голь, де́рево, со́кол, ве́тер, жа́воронок, я́блоко, о́тчим, у́жас, ра́дуга, пра́вило, у́жин, за́втрак, пя́тница, о́зеро

Appendix 3
High frequency root stressed verbs

1st conjugation

бе́гать, ве́шать, бесе́довать, стать, встать, е́хать, де́лать, ду́мать, зави́довать, пла́кать, рабо́тать, сы́пать, расхо́довать, испо́льзовать, иссле́довать, сове́товать, кли́кать, про́бовать, пла́вать, жа́ловать, дви́гать, жа́ждать, ку́шать, ла́ять, та́ять, тро́гать, за́втракать, у́жинать, обе́дать, печа́тать, га́снуть, ги́бнуть, па́хнуть, сле́пнуть, со́хнуть, дости́гнуть, исче́знуть, ржа́веть, обеззу́беть, тре́бовать, здоро́ваться, па́дать

2nd conjugation

-ба́вить, мы́слить, ра́нить, жа́рить, ве́рить, ко́нчить, -ста́вить, гла́дить, е́здить, кра́сить, ве́сить, бро́сить, тра́тить, печа́литься, встре́тить, по́ртить, позо́рить, чи́стить, стро́ить, сто́ить, позво́лить, уда́рить, одо́брить, дежу́рить, уте́шить, нару́шить, поздра́вить, гото́вить, утра́тить, отве́тить, заме́тить, спо́рить, усво́ить, уме́ньшить, увели́чить, ограни́чить, улу́чшить, уничто́жить, обеспе́чить, обнару́жить, уси́лить, обусло́вить, эконо́мить, пона́добиться, -править, оби́деть, ви́деть, зави́сеть, сосредото́чить, уху́дшить

Appendix 4
High frequency end stressed monosyllabic nouns

раб, гриб, враг, плод, пруд, труд, нож, стол, холм, слон, двор, кит, щит, винт, зонт, кот, крест, лист, хвост, мост, грех, стих, врач, меч, луч, мяч, борщ, дождь, рубль, кремль, путь

Appendix 5
High frequency end stressed multisyllabic nouns

рука́в, сапо́г, пиро́г, творо́г, четве́рг, утю́г, паде́ж, пау́к, каблу́к, язы́к, топо́р, живо́т, жени́х, пету́х, пасту́х, кирпи́ч, февра́ль, кисе́ль, коро́ль, дека́брь, ноя́брь, октя́брь, сентя́брь, козёл, орёл, осёл, ковёр, костёр, ого́нь, реме́нь, монасты́рь, мураве́й, воробе́й, солове́й, у́гол

Appendix 6
Exceptional *-арь*, *-ец*, and *-ок* words

-арь: су́дарь, апте́карь, ры́царь

-ец: бра́тец, не́мец, па́лец, та́нец, колоде́ц, молоде́ц, образе́ц, огуре́ц, продаве́ц

-ок: with this suffix most monosyllabic roots have end stress, rather than the expected default: *звоно́к*, *игро́к*, *кусо́к*, *плато́к*, *уро́к*. Note, however, *ры́нок* and *спи́сок*.

Appendix 7
High frequency exceptions to the *-овый* rule

боковóй, буровóй, бытовóй, валовóй, волновóй, годовóй, деловóй, мировóй, паровóй, передовóй, часовóй

Appendix 8
High frequency end stressed adjectives in *-ной*

больнóй, водянóй, входнóй, выходнóй, головнóй, двойнóй, дурнóй, запаснóй, землянóй, земнóй, инóй, коренной, крепостнóй, кровянóй, ледянóй, леснóй, ночнóй, областнóй, основнóй, остальнóй, очереднóй, роднóй, ручнóй, смешнóй, солянóй, сплошнóй, стальнóй, цветнóй, шерстянóй, зубнóй

Appendix 9
End stress odd balls (nom/acc pl have stress on the stem)

губá, вожжá, слезá, тропá, пятá, свечá, ноздрý, серьгá, головá, полосá, простынý

Appendix 10
Verbs with shifting stress in the past tense

взять, заня́ть, наня́ть, начáть, обня́ть, отня́ть, подня́ть, приня́ть, лить, пить, жить, быть, плыть, клясть, умерéть, заперéть, гнать, спать, звать

Appendix 11
Adjectives with shifting stress in the short form without the suffix *-н-*

слáбый, грýбый, прáвый, рéзвый, дешёвый, трéзвый, нóвый, мёртвый, чýждый, твёрдый, гóрдый, нáглый, смýглый, крýглый, пóдлый, бéлый, смéлый, весёлый, цéлый, ми́лый, солёный, ю́ный, пья́ный, глýпый, стáрый, хрáбрый, дóбрый, щéдрый, бóдрый, сéрый, мýдрый, мóкрый, пёстрый, óстрый, лы́сый, жёлтый, стрóгий, далёкий, ди́кий, глубóкий, широ́кий, высóкий, ти́хий

Appendix 12
High frequency 1st conjugation verbs with shifting stress

вяза́ть, дрема́ть, иска́ть, каза́ться, колеба́ть, лиза́ть, маха́ть, писа́ть, плеска́ть, пляса́ть, полоска́ть, сказа́ть, стрекота́ть, топта́ть, указа́ть, хохота́ть, чеса́ть, шепта́ть

Appendix 13
High frequency nouns with shifting stress

гроб, мозг, друг, долг, круг, глаз, век, о́стров, по́езд, про́вод, го́род, сто́рож, то́рмоз, о́тпуск, че́реп, но́мер, ма́стер, ве́чер, до́ктор, а́дрес, го́лос, ла́герь, ко́локол, профе́ссор, реда́ктор, инспе́ктор, дире́ктор, конду́ктор, жена́, изба́, труба́, глава́, вдова́, слуга́, звезда́, гроза́, река́, стрела́, пчела́, страна́, волна́, толпа́, дыра́, сестра́, овца́, тюрьма́, семья́, змея́, скорлупа́, лицо́, гнездо́, село́, крыло́, яйцо́, ружьё, число́, письмо́, ведро́, кольцо́, окно́

Bibliography

Засорина, Л. Н. *Частотный словарь русского языка*. Москва: Русский язык, 1977.

Лебедева, Ю. Г. *Звуки, ударение, интонация*. Москва: Русский язык, 1986.

Морковкин, В. В. *Лексические минимумы современного русского языка.* Москва : Русский язык, 1985.

Морковкин, В. В. *Система лексических минимумов современного русского языка*. Москва : АСТ, 2003.

Редькин, В. А. *Акцентология современного русского языка*. Москва: Просвещение, 1971.

Стричек, А. *Руководство по русскому ударению*. Париж: Пять континентов, 1966.

Толстой, Л. Н. *Анна Каренина*. Москва: Художественная литература, 1976.

Федянина, Н. А. *Ударение в современном русском языке*. Москва: Русский язык, 1976.

Avanesov, R. I. *Modern Russian Stress*. Oxford: Pergamon Press, 1964.

Coats, H. S. *Stress Assignment in Russian*. Edmonton: Linguistic Research, 1976.

Coats, H. S. and D. K. Hart. The Assignment of Stress in Russian Nouns. *Linguistic Analysis* 19(3–4), 1989.

Gladney, F. Y. The Accent of Russian Verbforms. *Journal of Slavic Linguistics* 3(1), 1995.

Hart, D. K. Traces of English Stress Parameters in the Russian of English Speakers. *Slavic and East European Journal*, 42(2), 1998.

Klepko, V. *A practical handbook on Stress in Russian*. New York: Saphograph Co., 1964.